Ich liebe Zwillinge aus der Reihe

I

Umschlag: Jutta Schneider

Printed in Italy,

ISBN 3-8231-0752-6

Ich liebe Zwillinge

von Günter Stein
Illustriert
von Alex Ignatius

TOMUS VERLAG MÜNCHEN

0
Viel Vergnügen!

Der Unterhaltungswert der Astrologie ist unbestritten. Selbst all diejenigen, die es für unmöglich erachten, daß bestimmte Konstellationen von Himmelskörpern ihr Schicksal zu beeinflussen vermögen, können sich in der Regel das Vergnügen nicht versagen, ihrem Horoskop gewisse Aufmerksamkeit zu schenken. Schließlich könnte ja doch etwas dran sein an all den Prognosen, die eine Deutung der Zukunft versuchen. Wie bei einer Wettervorhersage. Mit dem Unterschied, daß die Meteorologen es noch schwerer haben, weil ihre Aussage tagtäglich anhand untrüglicher Symptome wie Regen, Sonnenschein oder Schnee überprüft werden kann. Deshalb brauchen sie ein Hochschulstudium.

Astrologen haben keine Chance, mit Hilfe akademischer Weihen ihr Ansehen zu heben und auf diese Weise die Glaubwürdigkeit ihrer Berechnungen zu verbessern. Die Hilfskonstruktionen, mit denen sie ihrer Lehre bestimmte Gesetzmäßigkeiten zu unterstellen versuchen, ähneln zwar denen anerkannter Disziplinen, ernten dennoch nichts als Hohn und Spott.

Und nun erscheint auch noch diese Buchreihe! Astro-Logisches. Astrologische Aussage für Aussage wörtlich genommen. Und persifliert. Eines darf ich Ihnen, der Leserin, dem Leser, versichern, was sonst kein Verleger einer astrologischen Buchreihe tun darf, will er nicht gleich all das, was er publiziert, in Frage stellen:

Kein Wort von dem, was Sie auf den folgenden Seiten lesen, ist wahr. Nur zum Lachen. C.J. Frank

Inhalt

1
Pastor und Kollaps

Alles was wir über die Herkunft der Astrologie wissen, ist, daß sie an einem Donnerstag nachmittag vor ca. 4.500 Jahren in Mesopotamien erfunden wurde. Das ist verdammt wenig, wenn man mal dagegenhält, was wir alles über Pflege und Aufzucht von Schäferhundwelpen wissen, und das steht doch in gar keinem Verhältnis.

Nun aber ist vor einigen Jahren etwas Licht in das Dunkel gekommen und zwar durch die Entdeckung der Geheimpapiere von König Nechepso, die in einer Art Fliegender Blätter über die ganze Welt verteilt sind und von denen immer wieder mal ein Stück gefunden wird. Meistens sind Zufall und Geheimnis am Werke. So auch bei dem Kapitel, in dem über die Zwillinge berichtet wird. Es fand sich auf dem Tisch des Nachrichtensprechers Karl-Heinz Köpcke, als dieser gerade dabei war, die Tagesschau zu verlesen. Und ums Haar hätte er die Sendung nicht wie vorgesehen mit den Worten begonnen:

,,Der polnische Arbeiterführer Lech Walesa hat in Danzig vor streikenden Fabrikarbeitern gesprochen und wurde auf der Heimfahrt wegen Geschwindigkeitsüberschreitung zu einer Geldbuße von 100 Zsloty verurteilt'', sondern mit der Meldung: ,,Da geschah es aber, daß König Tyros von Babylon und seiner Frau, Königin Tyrolia (zu deutsch: ,,die bei Bozen Aufgewachsene'', Drillinge geboren wurden, und sie nannten die Knaben Pastor, Kollaps und Hans-Wolfgang, und es war große Freude in den Gemächern, und der König ließ einen halben Ochsen schlachten, aß selbst aber Hummerkrabben in Weinblättern vom Grill.''

Früher waren die Zwillinge Drillinge

Wie gesagt: ums Haar hätte vor einiger Zeit eine Tagesschau mit diesen Worten begonnen und nur Köpckes Routine und Geistesgegenwart verhinderten das Schlimmste. Dennoch machte das Nechepso-Kapitel in der Kantine des Funkhauses die Runde, weil ein paar glaubten, es handele sich um eine verschlüsselte Anleitung zum unbefugten Bedienen von Pershing-Raketen.

Nun also zurück zu Nechepso. In der kurzen und lapidaren Einleitung erfahren wir also, daß es ursprünglich keine Zwillinge, sondern vielmehr Drillinge gewesen waren. Wir hören dann weiter, daß der Dritte, Hans-Wolfgang, den beiden anderen mit seiner Rederei so auf die Nerven gegangen war, daß sie ihn aus dem Brutkasten warfen — was einiges heißen will, denn die beiden anderen waren auch nicht die Stillsten, wie wir noch erfahren werden. Was mit ihm passiert ist, liegt weitgehend im Dunkel, aber Nechepso deutet an, daß es sich bei dem späteren Regierungssprecher von Obervolta, K'il-owat, um ihn gehandelt haben könnte, denn K'il-owat heißt nichts anderes als Hans-Wolfgang, und das war damals ein seltener Name in dieser Gegend.

Kurz: es blieben nur Pastor und Kollaps übrig, die zu munteren Knaben heranwuchsen. Dabei war Pastor eher der etwas Altkluge (er wurde scherzhaft „unser kleiner Pastor" genannt), und hatte einen besserwisserischen und belehrenden Ton am Hals. Er trug auch schon früh eine Brille, die er sogar beim Schlafen aufbehielt, weil er mal von dem Mädchen aus dem Nachbarpalast geträumt hatte, das ihm nackt, aber leicht unscharf erschienen war. Immerzu stellte er Fragen, wie z.B.: Ist unser Turm (er meinte natürlich den babylonischen) wirklich so hoch, daß er an die Wolken reicht, laufen tatsächlich Engel da rauf und runter, ist er höher als das Welthandelszentrum in New York, kann man mit einem Transistorradio Peking empfangen, wenn man auf der Spitze steht usw. Meistens war es Tyrolia, die er mit diesen Fragen löcherte, und da sie im Grunde von nichts eine Ahnung hatte, außer wann man Goldreifen zu Silberlamékleidern trägt, verwies sie ihn an den König, der aber wiederum immerzu beschäftigt war und sich demzufolge gestört fühlte. Kollaps hingegen neigte ein wenig zur Hysterie und hatte alles in allem schwache Nerven. Wenn man ihm mal widersprach oder über seinen fünfzackigen Hut lachte, den er als babylonischer Königssohn tragen mußte, und ihn in der Schule mit: Na, du Faschingsprinz! anredete, konnte er völlig durchdrehen und kam heulend nachhause gelaufen. Jedenfalls: beide sorgten immer für Aufregung und galten für intelligent und aufgeweckt, wenn man den Behauptungen ihrer Eltern glauben durfte.

Hinzu kam, daß sie auch Verwirrung stiften konnten. Denn Pastor sah seinem Bruder Kollaps täuschend ähnlich — oder auch umgekehrt, hier gehen die Meinungen auseinander. Man wußte also nie, wen man vor sich hatte, und ob man mit bohrenden Fragen oder einem hysterischen Anfall rechnen konnte. Man mußte sich also immer auf beides einstellen.

Eines Tages nun wollte Königin Tyrolia eine Schönheitskur mit spezieller Heuschreckendiät am unteren Tigris machen, was sie offiziell als „tatkräftige Mithilfe bei der Beseitigung der sieben Plagen“ausgab, und natürlich konnte sie dabei ihre beiden Knaben (die übrigens unter der Hand als Plagen Nummer acht und neun bezeichnet wurden) nicht gebrauchen. Obwohl sie darüber ganz froh war, spielte sie das gebrochene Mutterherz. Nun müsse sie sechs Wochen auf ihre beiden Lieblinge verzichten, wenn's doch wenigstens schon die Fotografie gäbe, dann könnte sie ein Bild der beiden ins Schminkköfferchen tun usw. Aber auch Tyros war nicht gerade begeistert von der Aussicht, die beiden nun wochenlang exclusiv am Hals zu haben. Zufällig sprach er darüber mit Somr-aur, seinem hohen Priester, der ihn auf den Kegelabend hinwies, den Tyros aber absagen mußte, weil er, wie er zugab, für die nächste Zeit den Babysitter spielen mußte. „So alt die beiden auch sind“, sagte, er, „man kann sie einfach nicht allein lassen. Die zerstören Babylon, noch ehe die Assyrer kommen, ehrlich!“ Außerdem, fügte er hinzu, graue ihm bei der Vorstellung, daß die beiden nun den ganzen Tag in seiner Regierungskanzlei herumliefen. „Pastor“, sagte er düster, „wird immer wissen wollen, ob ich mehr Ochsen essen kann als der König von Assur, und warum dort immer die spannenderen Fernsehserien laufen. Und Kollaps wird seine Anfälle kriegen, wenn ich ihm für seine Hausaufgaben nicht sagen kann, wieviel Krieger 17 Stadtmauern in 415 Tagen umschmeißen können, wenn 67 Krieger 21 Stadtmauern in 318 Tagen umwerfen. Was schon vom Ansatz her Quatsch ist, denn so lange haben wir noch nie gebraucht. Überhaupt: Kinder beim Regieren — wir sind doch hier nicht im Weißen Haus. Wenn ich doch nur wüßte, wie man das Problem lösen könnte. Fällt dir denn nichts ein?"

Somr-aur faßte sich nachdenklich an die Nase. „Laß mal überlegen", sagte er, „vor ein paar Monaten habe ich doch die Frau von dem Dings-da für drei Tage in die Statue eines hethitischen Legionärs verwandelt. Das war, als wir unseren Herrenausflug machten und sie keine Ruhe geben wollte (er lachte schmutzig). Wir könnten doch für die Zeit, in der deine Frau weg ist, etwas ähnliches machen. Wie wär's: Ich setze die beiden für sechs Wochen als Sternbild an den Himmel. Da hast du sie vom Hals, und deine Frau kann von ihrem Kurort immer hochschauen, sieht sie und kann ihnen zuwinken. Und wenn sie wiederkommt, dann hol ich sie wieder runter. Na, was hältst du davon?"

Tyros küßte seinen hohen Priester und ließ sofort Cognac kommen.

Am Abend eröffnete er Tyrolia den Plan. „Ich weiß nicht," sagte sie, „meine Kinder als Tierkreiszeichen, also weißt du! Das sind doch keine Tiere." „Nun werd aber bitte nicht kleinlich," gab Tyros zurück, „ich habe hier eine brillante Lösung, wie du deine Kinder jederzeit sehen kannst, nachts zumindest, ich selbst kann ungestört regieren, und für die beiden ist es ja schließlich auch mal was anderes. Was glaubst du, was die dadurch alles sehen. Kein Kind kriegt normalerweise so eine Chance geboten. Kollaps muß halt sehen, wie er mit seinen Schwindelanfällen zurechtkommt. Ich werde Somr-aur sagen, daß er ihn besonders gut festmacht."

Also geschah, wie hier geschildert: Pastor und Kollaps wurden an den Himmel geschickt, und Tyrolia konnte ihnen jeden Abend zuwinken. Tyros aber kam keine Nacht vor zwölf nachhause. Und auch dann nicht immer allein.

Nur — der weitere Verlauf der Geschichte ist nicht ganz geklärt. Auch Nechepso verliert sich in Spekulationen. Eine These heißt: Der hohe Priester ist während der sechs Wochen konvertiert und hat eine gutbezahlte Stelle bei der Diözese Rottenburg angenommen, war also gar nicht mehr da, um die beiden wieder runterzaubern zu können. Die andere Theorie lautet: Tyros hat dem hohen Priester heimlich ein paar Scheinchen zugesteckt, und dieser mußte dafür bekennen, daß ihm das entsprechende Zauberwort entfallen war. „Was soll's", so Tyros angeblich, „mehr können die beiden im Leben gar nicht erreichen, als am Himmel zu stehen und Sternbild sein. Alles andere wäre ein Abstieg, sag selbst!" Die Königin machte zunächst großen Aufstand, vergoß Tränen und sagte, sie hätte es gleich gewußt. Aber als Tyros ihr klarmachte, daß sie nunmehr Mutter eines Tierkreiszeichens wäre, das auf ewig am Himmel steht — jedenfalls für die nächsten zehn bis 20 Milliarden Jahre, da beruhigte sie sich. Und nach einiger Zeit ging sie sogar mit ihrem Status ein bißchen hausieren. „Ich als Mutter eines Sternbilds...“, sagte sie z.B. auf einer Party, oder: „Meine beiden Söhne, Sie wissen ja, das bekannte Tierkreiszeichen...“ Auf jeden Fall hatte sie sich nach einiger Zeit mit der Situation bestens abgefunden, und einmal sagte sie sogar zu ihrem Mann: „Weißt du, vielleicht war's wirklich das Beste — Kollaps hätte in Mathematik immer Schwierigkeiten gehabt, wo doch die Null noch nicht erfunden ist. Und Pastor wird gewaltig stolz sein, daß er jetzt höher ist als das World Trade Center. Eigentlich ganz toll, daß alles so gekommen ist. Somr-aur ist ein prima Kerl.“

Zwei Astrologen aber, die in Babylon durch ihren Feldstecher guckten, bemerkten die neuen Himmelskörper. „Schau mal“, sagte der eine, „da oben ist was Neues — Zwillinge. Endlich mal was anderes, nach Widder und Stier. Ich dachte schon, wir kriegen nur Hornvieh vor die Linse. Moment mal — das sind doch die beiden von Tyros, so wie die miteinander reden, pausenlos, ohne Punkt und Komma. Die könnte man direkt zum Symbol für fruchtlose Fernsehdiskussionen installieren.“

„Fruchtlose Fernsehdiskussionen“, spottete der andere, „du immer mit deinen Tautologien.

Und schon waren sie in der schönsten Debatte. Fruchtlos natürlich.

2
Die Brotzeit der Entwicklung

Die „Wintersorgen", so weiß es ein altes Volkslied, „sind jetzt am geringsten, denn nun ist Pfingsten." Tatsächlich befindet sich jetzt der Frühling im letzten Drittel: Sancti Langnesis (die Eisheiligen) sind vorüber, Erdbeeren und Spargel kommen ins Sonderangebot — alles ist in bester Ordnung, Schwierigkeiten und Probleme gibt es keine.

Deshalb sind Zwillingsmenschen von fröhlicher Wesensart. Das macht sie so sympathisch und so enervierend. Denn wer erträgt schon ständig einen lächelnden Wohlgelaunten, der einem ganz genau sagen kann, daß die eigene schlechte Laune sowie der bohrende Schmerz überm rechten Auge vom Alkohol der vergangenen Nacht herrühren, und daß es besser wäre, nicht soviel zu trinken und nicht soviel durcheinander. Nichts hilft es — der Mensch sollte den Mund und die Rolläden geschlossen halten! Zu all dem kann der Zwilling aber nichts —

es ist vielmehr seine Rolle, die er im Tierkreis zugewiesen bekommen hat. Entwicklungsgeschichtlich kommt er nämlich zu einer Zeit, wo es mal gerade nichts zu tun gibt. Der Widder — wir erinnern uns — war noch der Nomade, der Winnetou des Tierkreises sozusagen, immer auf Beutezug. Der Stier ist der fleißige Bauersmann, der früh um vier oder fünf raus muß, um das Vieh zu füttern, dann auf den Acker, Furchen ziehen, abends melken, so daß er schon während der Tagesschau einschläft und ins Bett getragen wird — alles sehr unerfreulich, jedenfalls wenn man es durch die Brille des Zwillings sieht.

Nun aber macht die Kulturgeschichte eine Pause. Es ist Brotzeit, man liest die Bild-Zeitung, freut sich über Bier und Leberkäs, streitet auch mal in aller Freundlichkeit darüber, ob BMW oder Mercedes die bessere Straßenlage hat, diskutiert über Abmagerungskonzepte, delektiert sich am neuesten Klatsch, diskutiert über Beckenbauers Chancen als Bundestrainer und unterhält sich darüber, ob Atomkraft akzeptierbarer wäre, wenn man alle Atome abends in eine Tüte packen und über Nacht ins Gefrierfach des Kühlschranks legen könnte, um Explosionen auszuschließen.

Der Zwilling hat es also — diese kurzen Andeutungen sollten genügen — mit dem Geist zu tun, und das ist etwas, von dem der Widder kaum eine Ahnung hat, und für das sich auch der Stier nicht recht erwärmen kann, weil er abends zu müde dafür ist. Im Gegensatz zum umherziehenden Widder und pflügenden Stier haben wir also im Zwilling den ersten Gebildeten vor uns. Allerdings hat er noch keine große Übung darin, denn wir befinden uns immer noch am Anfang der Menschheitsgeschichte. Es geht also noch nicht um die ganz großen Erkenntnisse — die kommen erst später, schließlich sind ja noch neun weitere Zeichen dran —, sondern mehr um den sogenannten small talk. So wird der Zwilling am ehesten durch die Hausfrau symbolisiert, die am Telefon ihrer Freundin ausführlich das psychologische Prinzip des — dieser gerade zugestoßenen — Ehebruchs erklärt. Dabei verkündet sie aber eine völlig andere These als gestern, denn inzwischen ist die neue Brigitte erschienen, wo gerade dieses Thema aus einer ganz neuen Sicht behandelt wird. Währenddessen geht der Widder-Ehemann im Büro auf Beute und die Stierputzfrau fegt das Haus. Die Hausfrau selbst aber besucht abends wieder einen neuen Volkshochschulkurs.

Bei Ausstellungen können einem Zwillinge ganz genau erklären, warum eine weiße Leinwand mit einem kleinen roten Dreieck eine Aussage hat, wie diese Aussage lautet und warum das Ganze 10.000 Mark kostet. Während das Abbild einer hübschen und tiefdekolletierten Zigeunerin aus dem Kaufhaus weder Wert noch Aussage hat und deshalb auch nur 49 Mark 50 kostet. Die Zigeunerin gefällt einem anschließend immer noch besser und man ist immer noch der festen Überzeugung, ihr Schöpfer müsse irgendwie besser malen können als der Konstrukteur des kleinen roten Dreiecks, aber der Zwilling scheint recht zu haben, besonders wenn es sich um Galeristen handelt.

Aber das sind nun mal die Fähigkeiten des Menschen in der Nach-Stier-Zeit, wenn der Weizen blüht, die Kuh Milch gibt und die Steuern erst vom anschließend kommenden Krebs bezahlt werden müssen.

Wunsch nach Tapetenwechsel

Nicht umsonst ist der Planet des Zwillings der Merkur. Es ist ein sogenannter schnell-laufender Planet, der pausenlos rund um die Sonne unterwegs ist und der deshalb links und rechts einen Flügel hat. Jedenfalls will Galilei dies durchs Fernrohr eindeutig gesehen haben, obwohl seine Frau sagt, er hätte damals lediglich eine Fliege vorm Glas gehabt und diese für Merkur gehalten.

Merkur war in der Antike vorwiegend im Auftrag seines Vaters Zeus unterwegs, um Nebenbuhler zu beseitigen, schöne Frauen auf Zeus einzustimmen und Alimentenklagen abzuschmettern. Seine Funktion als Götterbote hat Merkur angeblich zum letzten Mal in den 70er Jahren ausgeübt, wo er dem Sportinformationsdienst (sid) mitteilte, daß das Universum gar nicht die Schöpfung Gottes sei, sondern die eines italienischen Pizza-Bäckers mit Namen Enrico Fermi, und auch das nur versehentlich, beim Ausprobieren eines neuen Rezeptes. So sei auch die Seele leider nicht unsterblich, sondern es handele sich dabei um eine Scheibe dünn geschnittener Salami. Er selbst, so Merkur weiter, sehe daraufhin keinen Sinn mehr in seiner Arbeit und werde sich als Versicherungsvertreter selbständig machen.

Merkur steht für alles Quecksilbrige, also beispielsweise für Quecksilber, und auch ein amerikanisches Auto namens Mercury verdeutlicht Merkur-Eigenschaften, vor allem als viertüriger Sedan.

Von dem umtriebigen Merkur hat der Zwilling die innere Unrast, die in ihm ständig als latenter Wunsch nach Tapetenwechsel vorhanden ist. Und wenn er dazu keine Gelegenheit hat, so wechselt er wenigstens häufig die Tapeten und räumt Möbel um.

Im Horoskop steht Merkur immer für den intellektuellen Aspekt einer Sache. Bestrahlt er den Mars, so denkt man immer ans Fingerhakeln, mit Uranus wird man zum originellen Büttenredner, bei Saturn beschäftigt man sich grundsätzlich mit den Problemen der Menschheit und wann sie endlich ausstirbt, und in guter Konjunktion mit Venus denkt man immer nur an das Eine.

Merkur-Menschen sind übrigens schmal und zartgliedrig, auch wenn sie mehr als zwei Zentner wiegen. In diesem Fall ist es nicht ihre eigentliche Figur, sondern nur ihr Übergewicht. Der lateinische Name von Merkur ist Merkur, auf deutsch heißt er Horten, auf italienisch Dalli-Dalli und in Frankreich nennt man ihn Hermes — oder auch Lanvin oder Jean Patou, das weiß man nicht so genau. Auf jeden Fall aber hat er etwas mit der Rue de Faubourg-St.Honoré zu tun, worauf schon Platon in seiner Schrift „Unser alter Götterbote oder: Wo kriege ich nachts um zwei ein Lasttaxi her?“ hingewiesen hat.

VERTRAG

3
Allgemeines über den Zwilling

Daß der Widder beim Fußball einen ausgezeichneten Mittelstürmer abgibt, haben wir an anderer Stelle schon gesagt. Aber auch der Zwilling ist in einer Mannschaft gut zu gebrauchen. Allerdings erzielt er seine Erfolge nicht allein über Kondition und Technik, sondern per Geist. So wird ein Zwilling immer versuchen, während des Spiels mit seinem Gegner ins Gespräch zu kommen.

„Wer weiß", sagt er, während sie nebeneinander herstürmen, „wer weiß, vielleicht spielst du in der nächsten Saison schon für uns. Warum auch nicht? Wir haben einen guten Trainer, sind eine excellente Mannschaft, unser Betriebsklima kann sich sehen lassen, der Vorstand ist freigiebig mit Prämien, und ein neues Vereinshaus kriegen wir auch. Und du bist ein guter Mann, was willst du denn in so einer mittelmäßigen Truppe. Bei uns dagegen wärst du genau richtig — du würdest sogar ausgezeichnet zu uns passen. Statt dessen machst du uns hier unnötig Schwierigkeiten, uns, deinem nächsten Verein. Du könntest vielleicht bei einem Pokalsieger anfangen, wenn du jetzt nicht so reinhauen würdest für die falsche Seite."

Mit solchen Reden bringt der Zwilling seinen Gegner dazu, daß er unsicher wird und nach einiger Zeit wirklich daran denkt, zu dem Verein zu wechseln, den er eigentlich heute besiegen soll. Mit dem Ergebnis, daß er plötzlich mit seinem Zwilling-Gegner Doppelpaß spielt und dieser ein Tor schießt, für das der übertölpelte Mittäter dann von seiner Mannschaft bös zur Rede gestellt wird. Nicht sehr fair, wie man zugeben wird, aber sehr wirkungsvoll.

Wenn der Zwilling Arzt wird, so wird er meistens nicht Arzt, sondern Patient. Denn als Patient darf er seine Krankengeschichte erzählen, während er als Arzt zuhören müßte. Und da er eine lebhafte Fantasie besitzt, ist er auch immer von Leiden heimgesucht, über die es viel zu reden gibt. Er schildert seine Symptome ebenso ausführlich wie genau, so daß der Arzt ihn gar nicht lange untersuchen muß, sondern schon anhand der Schilderung die Diagnose stellen kann. Diese wiederum nimmt der Zwilling keineswegs unwidersprochen hin, sondern hat Einwände, stellt richtig, differenziert, läßt Schmerzen zu bohrenden Schmerzen werden, die außerdem ausstrahlen, so daß gar nicht sicher ist, ob es der Fuß ist, der weh tut, sondern vielleicht doch das Knie, und außerdem schmerzt es auch nur, wenn man an einem regnerischen Tag zum Einkaufen geht und sich dabei seitwärts fortbewegt und die Einkaufstüten über den Kopf hält, während der Schmerz sofort vorbei ist, wenn man ganz normal ins Kino geht.

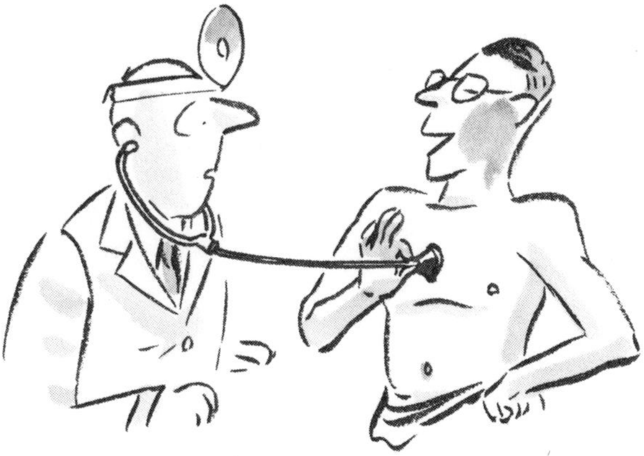

Der Arzt wird daraufhin in seiner Diagnose unsicher, stottert, verhaspelt sich und wird sofort von dem Zwilling verbal festgenagelt. Außerdem muß sich der Arzt sagen lassen, daß seine Gesichtsfarbe ungesund ist, daß seine Augen unruhig flackern und daß er wahrscheinlich schlecht schläft. Dagegen aber, so meint der Zwilling, helfe ein Tee aus getrocknetem Schnittlauch, den man mit Fleischbrühe aufgießt und durch ein Röhrchen trinkt. Der Arzt hört gespannt zu, steht vielleicht auch auf, legt, weil ihm plötzlich heiß ist, den weißen Kittel ab, den der Zwilling nun wie unabsichtlich überzieht, und nach ein paar kurzen Reden und Gegenreden findet sich der Arzt im Patientensessel und fragt verstört, ob es für ihn noch einen Hoffnungsschimmer gibt, während der Zwilling nunmehr im Arztsessel sitzt, mit dem Stethoskop schlenkert und sagt, das käme ganz darauf an, ob er sich nach den eben erteilten Anweisungen richte, sonst könne er für nichts garantieren. So wird also der Zwilling doch noch Arzt, nur kürzt er das Studium entscheidend ab. Allerdings fehlt ihm zum guten Arzt etwas sehr wichtiges. Nämlich das erhebende Bedürfnis, helfen zu können. Der Zwilling hat nun mal keine tiefen Gefühle, und Worte des Trostes wollen ihm nicht über die Lippen. Vielmehr interessiert es ihn, ob sich der Patient für Feuerbestattung oder ein normales Begräbnis entschieden hat.

Seine Ungeduld und sein Mangel an Ausdauer machen den Zwilling auch ungeeignet zum Forscher, da Forscher meist viele Jahre forschen und oft noch nicht einmal wissen wonach, sondern sich überraschen lassen. So wird ein Zwilling beispielsweise in ein Forschungslabor gehen, den Kopf zur Tür reinstecken und fragen: „Ist die Relativitätstheorie schon entdeckt? Nein? Auch nichts Ähnliches? Schön, dann schaue ich in ein paar Tagen noch mal herein. Aber vielleicht treffe ich sie auch morgen in der Lounge des Sheraton in Athen."

Die Sache mit der Relativitätstheorie

Dies ist natürlich kein Forschergeist. Hier sollte sich der Zwilling am Skorpion ein Beispiel nehmen. Dieser würde so lange mit Reagenzgläsern und Bunsenbrennern hantieren, bis er die Relativitätstheorie gefunden hätte. Und wenn er sie gefunden hätte, so würde er sie vorsichtig mit Daumen und Zeigefinger anfassen, aufspießen und neben seine Schmetterlings-Sammlung hängen. Die Jungfrau würde einfach das ganze Haus von oben bis unten putzen und sagen: Wenn sie hier irgendwo ist, die Relativitätstheorie, dann werde ich sie zweifellos entdecken. Ganz anders der Wassermann. Er würde sich auf dem Oktoberfest von einem Papagei eine Wundertüte ziehen lassen und darauf vertrauen, daß sie drin ist.

(,,Wenn nicht, dann vielleicht ein Ring mit einem roten Stein oder drei kleine Würfel!“) Der Löwe würde der Relativitätstheorie einfach befehlen, sich blicken zu lassen (,,Am Dienstag um halb neun, aber im sauberen Anzug!“); die Waage würde sagen: Ich warte mal, ob Lagerfeld sie für den Herbst vorsieht, und der Steinbock würde meinen: Wenn sie sich früher als in fünf Jahren entdecken läßt, kann es keine gute Relativitätstheorie sein; der Krebs würde denken: Wenn ich freundlich bin, schön drum bitte und außerdem ein kaltes Buffet herrichte, wird sie bestimmt kommen; der Stier wird sagen: ,,Wenn sie mir hilft, meine Bilanzen zu frisieren, dann werde ich sie bis morgen abend entdeckt haben, und wenn ich ein paar Überstunden dranhängen muß“; der Schütze meint: Wozu Relativitätstheorie — falls ich wirklich mal eine brauche, leih ich sie mir einfach; und der Widder würde sie in einen dunklen Wald treiben und annehmen, daß sie sich ihm aus Angst an den Hals wirft.

Und nur der Fisch wird den richtigen Ausgangspunkt haben, indem er sich sagt: Die Relativitätstheorie werde ich am schnellsten entdecken, wenn ich in einem Zug etwas hinfallen lasse — ein Päckchen Zigaretten oder einen Kugelschreiber. Denn was da hinfällt, beschreibt für den Außenstehenden einen Bogen, vorausgesetzt, der Zug fährt!

Auf diese Weise muß man die Relativitätstheorie unweigerlich finden, wie es dem Fisch Einstein ja bekanntlich auch passiert ist.

ALEX

4
Aus dem Leben eines Zwillings

Manfred Dobbler wurde an einem 29. Mai geboren und demonstrierte schon im Kinderwagen seine ganze Quecksilbrigkeit. So erwischten ihn seine Eltern einmal, wie er seine Rassel in der Art eines Telefonhörers ans Ohr hielt und mit Unicef sprach. Dobbler mahnte in diesem Telefonat den Präsidenten der Vereinigung, die dreilagige Windel mit fest schließendem Windelhöschen auch den Kindern der Dritten Welt zugänglich zu machen, und meinte, dies sei wichtiger, als Waffen, Stahlwerke und Flughäfen zu liefern. Ein andermal hatte er die Rassel wie ein Mikrofon vorm Mund und sprach die Reportage eines Fußballspiels, wobei er allerdings noch einige Probleme mit der Abseitsregel hatte (die er zehn Meter außerhalb des Spielfelds vermutete) und auch von dem Auswechsel-Limit nichts wußte, da er ständig andere Stürmer auftreten ließ und dazu die Abwehr beider Mannschaften immerzu umbesetzte.

Als er drei Jahre alt war, gaben ihn seine Eltern in einen Kindergarten, in der Hoffnung, er werde dort etwas ruhiger werden. ,,Wenn er sieht, daß es auch noch andere Kinder gibt'', meinte sein Vater, ,,die alle sprechen, wird er vielleicht erkennen, daß es auf ihn allein nicht allzusehr ankommt.''

Dies erwies sich als Fehlschluß. Im Gegenteil: seinem Nachbarn zur Linken, der brav Bauklötzchen auftürmte, vermieste er dieses harmlose Spiel mit der Bemerkung, er würde das Rollenklischee des Mannes als Baumeister in geradezu penetranter Weise einüben und darüberhinaus in seiner Bauwut auch noch die letzten Naturreservate zubetonieren. ,,Bald werden wir keine Feuchtgebiete mehr haben'', sagte er und warf seinem verstörten Opfer einen geringschätzigen Blick zu, ,,und dann sterben wieder soundso viele Arten aus. Und warum? Nur weil du im Kindergarten schon Klötzchen schichtest.'' Auch dem Mädchen neben ihm, das hingebungsvoll Sandkuchen formte, nahm er jeden Spaß, indem er sagte: ,,Trainiere nur deine Hausfrauenrolle! Du wirst später mal auch zu nichts anderem fähig sein, als Kinder zu gebären, Napfkuchen zu backen und über Diät zu reden, während ringsumher die Bevölkerung explodiert.'' Beide Kinder weinten, und Dobbler mußte sich eine geharnischte Strafpredigt von der Kindergärtnerin anhören. Er schlug sofort zurück, indem er behauptete, daß hier Unterdrückungsmechanismen praktiziert würden, die zum Himmel schrieen, und das werde er in einem Leserbrief an die örtliche Tageszeitung anzuprangern wissen.

Als er in die Schule überwechselte, blühte sein Hang zu kritischer Weltbetrachtung erst richtig auf. So erklärte er dem Mathematiklehrer, er könne unmöglich hinnehmen,

daß einerseits zwei und zwei vier ergebe, während zwei mal zwei angeblich das gleiche Resultat habe. ,,Machen Sie das mal mit irgendeinem anderen Zahlenpaar", fuhr er den Lehrer an, ,,und Sie werden feststellen, daß es niemals funktioniert. Was ja auch logisch ist, schließlich sind Addition und Multiplikation zweierlei Stiefel!"

Der Mathematiklehrer, ein älterer Herr, der Zeit seines Lebens in diesem Punkte noch niemals Zweifel erregt hatte, fand sich plötzlich in eine Beweispflicht gedrängt, der er nicht gewachsen war. Dobblers triumphierendes Grinsen, als er zu stottern anfing, tat ein übriges, und der alte Herr unternahm einen Selbstmordversuch, indem er eine hochvirulente Abszisse verschluckte. Er wurde aber im letzten Augenblick gerettet und lag mehrere Wochen mit hitzigem Fieber zu Bett. Dobbler, der erkannte, was er angerichtet hatte, besuchte seinen alten Lehrer und versicherte ihm, es nicht so gemeint zu haben. Außerdem habe er nochmal alles nachgerechnet und festgestellt, daß zwei mal zwei tatsächlich vier sei. Der Lehrer wurde wieder hergestellt, aber er hatte seine alte Sicherheit verloren und fügte von da an jedem Ergebnis die Bemerkung hinzu: ,,Falls niemand etwas dagegen hat!"

Seinen ersten wirklich großen Auftritt hatte Dobbler, als sein Banknachbar im Zeugnis eine Fünf in Deutsch bekommen sollte, was seine endgültige Entfernung von der Schule bedeutet hätte. Dobbler verwickelte den Lehrer in eine erbarmungslose Diskussion, in der er nachweisen konnte, daß die Fünf lediglich an zwei Punkten im Notenheft des Lehrers hing. ,,Und warum?" fragte er mit der Attitüde eines Strafverteidigers, der seinen Mandanten vor dem elektrischen Stuhl retten möchte, ,,weil er im letzten und alles entscheidenden Diktat Vater mit F und Rhythmus ohne jedes h geschrieben hatte. Na und? Können Sie beschwören, daß im Zuge der Rechtschreibreform nicht demnächst schon beide Worte ganz offiziell so geschrieben werden? Soll jemand einem Gesetz geopfert werden, das vielleicht morgen schon auf den Kopf gestellt wird? Zwei Punkte, fragwürdige dazu, entscheiden über das Leben eines Menschen. Wer weiß, vielleicht wird er einmal Staatspräsident, wenn Sie ihm jetzt keine Schwierigkeiten machen, und kann viel für unser Land tun!“

Der Lehrer war beeindruckt, und Dobblers Banknachbar wurde tatsächlich versetzt.

Nach seinem Abitur ging Dobbler zur Universität und belegte sämtliche Fächer. Allerdings hielt er nur einen Monat durch, aber in dieser Zeit hatte er sich den Ruf überragender Intelligenz gesichert, da er in Physik mit

Antworten aus der Philosophie aufwartete und wirtschaftswissenschaftliche Fragen mit Thesen aus der Linguistik beantwortete, was die jeweiligen Professoren tief beeindruckte, da sie die Antworten nicht verstanden, ihre wissenschaftlich anspruchsvolle Diktion aber sofort erkannten. Leider erhielt aber seine Karriere einen vorübergehenden Knick, weil er in Medizin — ein Fach, das er natürlich ebenfalls belegt hatte — als Blutspender auftrat und feststellte, daß sein Blut beim Empfänger stimulierende Wirkungen erzeugte. So ließ er sich von einem Kommilitonen regelmäßig Blut abzapfen, das er in kleinen Ampullen als Amphitamine vor Prüfungen verkaufte, so daß sich die festgelegte Durchfallquote verringerte. Die Sache flog auf, Dobbler wurde mit einem Doktorhut in Sanskrit abgefunden und mußte gehen.

Durch seine zahlreichen Verbindungen aber schaffte er es, daß man ihn mit der Ausarbeitung von Fragen für ein Fernsehquizspiel beauftragte und ihn außerdem für die Abfassung eines 24-bändigen Lexikons gewinnen konnte, das er ganz allein zu schreiben gedachte. Als er dabei war, alles über den Buchstaben A zu recherchieren und demzufolge Reisen nach Argentinien, Algerien, Arabien und in die Antarktis unternahm, verlor er sein Herz an die bezaubernde Kultur des Südpols und beschloß, sich nur noch diesem Thema zu widmen. Er gab den Lexikon-Auftrag zurück, was den Verlag in große Schwierigkeiten stürzte, denn anstelle der einzigen Person Dobblers mußten jetzt über 500 Professoren engagiert und bezahlt werden, so daß sich das Projekt gewaltig verteuerte und die ganze Kalkulation durcheinandergeriet.

Tatsächlich beschäftigte sich Dobbler ganze drei Tage lang mit dem Südpol, bis ihn ein Brief aus Deutschland erreichte, in dem ihm angeboten wurde, bei der Volkshochschule Wesselbüren sämtliche Kurse durchzuführen.

Eine Frau mit Zwillingsschwester

Dobbler hatte inzwischen geheiratet und zwar eine Frau, die eine Zwillingsschwester hatte. Beide Schwestern ähnelten sich so sehr, daß Dobbler sich selbst nicht unterscheiden konnte und nie wußte, mit welcher er eigentlich verheiratet war. Ja, mitunter hatte er den Verdacht, daß sich beide Frauen in ihrer Rolle als Ehegefährtin abwechselten, denn wenn er beispielsweise über Filme sprach (Dobbler war auch leidenschaftlicher Cineast), so war seine Frau einmal eine begeisterte Anhängerin der amerikanischen Schwarzen Serie, während sie am nächsten Abend von den Wasserballet-Filmen mit Esther Williams schwärmte. Und während sie gerade noch streng die Trennkost-Diät durchgehalten hatte, konnte sie schon am nächsten Tag Ananas und Papaya in Mengen reinstopfen, was eindeutig die Hollywood Star-Diät vorschreibt. Da es aber keinerlei Streit gab, war Dobbler es zufrieden. Ohnehin vertrat er die Meinung, daß eine Frau allein nicht alle Interessen eines Mannes — jedenfalls nicht eines Mannes, wie er es war — abdecken konnte.

In reiferen Jahren bot sich ihm nochmal die Chance, seine Talente hemmungslos auszuleben: Sein ehemaliger Banknachbar, der aufgrund von Dobblers Plädoyer auf der Schule hatte bleiben können, war tatsächlich Regierungschef geworden und stellte seinen einstigen Freund als Außenminister ein. Hier hatte Dobbler seinen großen Auftritt, als er zwischen der Präsidentin von Begonien und dem Junta-Chef von Geranien vermitteln mußte. Er erkannte sofort, daß beide Staaten vom System her so unterschiedlich waren, daß auf normalem Wege keine Einigung zustande kommen würde. Und so schilderte er dem Geranien-Chef die weiblichen Vorzüge der Begonien-Präsidentin — sie war in der Tat eine anziehende Frau und ehemalige Schönheitstänzerin — und wußte auch umgekehrt diese für ihren faschistischen Widersacher zu interessieren. Nun brauchte er nur noch dafür zu

Tod mit 53 oder 70 Jahren?

sorgen, daß sich die beiden in einem lauschigen Café am Genfer See trafen (er bestach die Chauffeure) und ließ sie, bei einem rechtzeitig arrangierten Champagner-Frühstück, allein. Wie geplant, verliebten sich beide ineinander und heirateten, so daß alle politischen Probleme gelöst waren: Geranien und Begonien wurden Doppelmonarchie, die heute zu den verläßlichsten Säulen der westlichen Politik gehört, auch voll ins amerikanische SDI-Programm eingestiegen ist, wenn auch nur mit einem jener kleinen Papierflieger, die man selbst falten kann, und die der Präsident während der Zeit, in der seine Frau regiert, mit großer Leidenschaft anfertigt.

Dobblers überschnelle Lebensart hatte zur Folge, daß seine Lebensuhr anderen Zeitgesetzen gehorchte: Nach unseren Maßstäben 53, war er nach seiner inneren Uhr längst über 70. Er starb auf einer Konferenz am Schlagfluß, als er gerade dabei war, den russischen Außenminister zum Patenonkel des amerikanischen Präsidentensohns zu machen und Washington in Washingpetrowsk umzubenennen.

Doch ganz so schnell konnte sich Dobbler doch nicht von der Bühne des Lebens und seiner Tätigkeit verabschieden — noch volle acht Tage nach seiner prunkvollen Beerdigung haben ihn glaubwürdige Zeugen in der Kantine seines Ministeriums gesehen, wo er sich dafür stark machte, daß künftig zum Schweinebraten auch Knödel gereicht würden. ,,Wenn wir dem Koalitionspartner hier entgegenkommen'', soll er zu dem Küchenchef mit geisterhaftem Lächeln gesagt haben, ,,dann können wir von ihm auch Zugeständnisse beim Demonstrationsrecht erwarten.''

5
Der Zwilling und die Liebe

Als Sie ihn kennenlernten, war er ein athletischer Typ, blondhaarig und mit blauen Augen. Nun, da Sie ihn wiedersehen, ist er schmal, groß und dunkel — tatsächlich, dieser Mann ist jeden Tag anders, ein faszinierender Charakter.

Überhaupt hatte der Abend ganz anders angefangen, als Sie erwartet hatten. Denn statt in seinem Porsche zu sitzen, den er in einem Nebensatz erwähnt hatte, und in das bekannte Drei-Sterne-Lokal zu fahren, finden Sie sich auf der Plattform einer Straßenbahn und haben einen Hamburger in der Hand. Ihr Zwillings-Mann — denn um einen solchen handelt es sich, nunmehr besteht darüber kein Zweifel — steht Ihnen mit seinem bezaubernden Lächeln, das Sie sofort bezaubert hatte, gegenüber und meint: „Ich habe den Wagen heute ganz bewußt zuhause gelassen. Wenn man selbst fährt, muß man ein Ziel haben, und heute soll mich das Ziel überraschen.

Ich halte es für unerhört bedeutsam, zu welchem Ziel sich das Schicksal von Ihnen inspirieren läßt. Deshalb habe ich die Straßenbahn genommen und einfach Endstation gelöst, aber natürlich weiß ich nicht, was hier die Endstation ist. Wir sollten uns alle viel öfter der Ungewißheit ausliefern. Überhaupt: sind denn Ziele wichtig — unterwegs sein ist alles."

Faszinierende Gespräche

Sie blicken nach draußen, die Mauern grauer Vorstadthäuser ziehen im schwach erleuchteten Dunkel vorbei. „Ich liebe diese Mauern," sagt der Zwilling-Mann, „sie erinnern mich an ein Gefühl, das ich mal hatte beim Anblick der Pyramiden bei Vollmond. Damals, als ich meine Weltreise machte." Und sofort sind Sie in ein faszinierendes Gespräch über Ägypten verwickelt, das von den Pharaonen bis zu Camp David reicht. Wieder wundern Sie sich über den vielseitigen Geist Ihres Begleiters. Ein Widder, sagen Sie sich, hätte Ihnen schon hier, in der Straßenbahn die Bluse aufgerissen, ein Löwe hätte Sie niederknien lassen und seinen Fuß auf Ihren schmalen Nacken gestellt, ein Skorpion würde Sie magnetisch ansehen und sich davon auch nicht durch das Erscheinen des Kontrolleurs beirren lassen — im Gegenteil: er würde den Mann kurz ansehen, und dieser würde verdampfen. Ein Schütze würde Ihnen damit imponieren wollen, daß er immer wieder während der Fahrt ab- und aufspringt, und ein Wassermann würde darauf bestehen, daß Sie beide auf der Anhängerkupplung fahren. Nicht so der Zwilling — sein sprühender Geist hat derartige Albernheiten nicht nötig.

An einer der nächsten Haltestellen — Sie unterhalten sich gerade darüber, ob man fremde Autos mit bunten Schmetterlingen bemalen soll, wobei er dafür, Sie aber dagegen sind — macht er Anstalten, die Straßenbahn zu verlassen. Als Sie ihn darauf hinweisen, daß dies noch nicht die Endstation sei, winkt er lächelnd ab. „Wozu bis zur Endstation fahren?" sagt er, „Es genügt doch, das Ziel nicht zu kennen, warum auch noch hinfahren? Im Gegenteil: sind wir nicht in der Lage, alles zu unserem Ziel zu erklären, da wir doch keines haben? Kommen Sie, wir suchen uns eine interessante Kneipe!"

Sie befinden sich erwartungsgemäß in einer tristen Gegend, so langweilig wie das Fernsehprogramm an einem Sonntagabend. Aber Ihr kontaktfreudiger Zwilling hat sofort ein zwielichtiges Individuum aufgetan und fragt nach dem nächsten Lokal. „Dritte Straße links", lallt der Gefragte. Doch nun erleben Sie das Verhandlungsgeschick Ihres Zwillings (er ist übrigens inzwischen untersetzt, sommersprossig und rothaarig und erinnert an einen Fischer in der irischen See): mit ein paar gezielten Bemerkungen verwickelt er den anderen hoffnungslos in Widersprüche, bis dieser zugibt, daß sich das Lokal in der zweiten Querstraße befindet, in der dritten hingegen sei eine Shell-Tankstelle.

Auf dem Weg ins Lokal hat Ihr Zwilling eine neue Idee. „Jetzt weiß ich, wonach mir ist", bekennt er, „ich möchte einen schönen, alten Godard-Film sehen oder auch einen Truffaut. Einen dichten Schwarz-weiß-Film der Neuen Welle. Ob es hier irgendwo ein Kino gibt?" Tatsächlich gibt es ein Kino, und zwar an der Stelle, wo angeblich das Lokal sein soll, das wohl doch in der dritten Straße liegt. Doch statt Godard spielt man einen alten

Western von John Ford. ,,Auch recht'', sagt der Zwilling und löst zwei Karten.

Sie geben sich alle Mühe, dem Film Interesse abzugewinnen, aber als er gerade anfängt, spannend zu werden, ergreift der Zwilling Ihre Hand. ,,Hören Sie, wissen Sie, was mir gerade eingefallen ist? Wir sollten durchbrennen.''

,,Durchbrennen? Jetzt? Und wozu und wohin?''

,,Ja, jetzt. Ideen vertragen keinen Aufschub, morgen sind sie abgestanden. Wer will morgen noch durchbrennen? Tun wir's jetzt. Ich habe zu Hause noch zwei Fahrkarten nach Hofgeismar. Ich habe sie immer, als letzte Fluchtmöglichkeit — die eiserne Reserve an Freiheit. Sind wir erst dort, finden wir auch weiter.''

,,Wo um Himmelswillen liegt denn Hofgeismar?'' fragen Sie noch, aber Ihr Zwilling zuckt die Schultern. ,,Keine Ahnung, aber es muß eine Strecke weit sein, denn die Karten waren teuer. Ich habe sie von meiner letzten Weihnachtsgratifikation gekauft. Wer hätte gedacht, daß ich sie heute noch brauchen könnte!'' Als Sie das Kino verlassen, bringen Sie das Thema Packen aufs Tapet. Doch er schüttelt entsetzt den Kopf. ''Packen? Was wollen Sie mit Packen? Wir machen keine Urlaubsreise, verstehen Sie, wir brennen durch — aussteigen, alles hinter uns lassen, Brücken abbrechen, Schiffe verbrennen. Wie können wir alles zurücklassen, wenn Sie packen wollen!''

Sie überlegen noch, ob es einen Sinn hat, ihn darauf anzusprechen, daß Sie sich gerade mitten in einer Inspektoren-Prüfung befinden (Sie sind eine hoffnungsvolle Beamtin im Ministerium für Landwirtschaft und Forsten), aber Sie gehen sowieso davon aus, daß Sie alles nur träumen, und halten sich deshalb zurück.

Unterwegs beginnt er wieder über das Bemalen fremder Autos mit Schmetterlingen zu sprechen. Diesmal ist er dagegen, doch als er merkt, daß auch Sie dagegen sind, und zwar immer noch, wechselt er das Thema und spricht jetzt über die Möglichkeiten, Bonsai-Bäume zu züchten. „Allerdings dauert es fünfzig Jahre, bis so ein Bonsai groß ist, also klein", gibt er sich selbst zu bedenken, „ich glaube, das ist doch etwas lang. Aber es könnte eine gute Altersversorgung werden. Nur, wer gießt die Bäume, wenn wir weg sind?"

Irgendwohin fahren immer Züge

Plötzlich scheint er voller Ungeduld. „Taxi!" ruft er, und zu Ihnen: „Wir müssen uns beeilen. Ich muß noch die Fahrkarten bei mir holen, und dann müssen wir ja auch noch sehen, ob heute, um diese Zeit, überhaupt ein Zug nach .... wie hieß das? richtig, Hofgeismar geht. Sonst", er denkt kurz nach, „sonst tauschen wir die Karten gegen eine andere Strecke ein. Irgendwohin werden ja schließlich heute noch Züge fahren."

Als das Taxi bereits voll unterwegs ist, und Sie noch immer überlegen, wie Sie das mit Ihrer Inspektoren-Prüfung drehen sollen, läßt er anhalten. „Da ist das Regine's", sagt er und deutet auf die Neonschrift eines Nachtlokals, „lassen Sie uns auf einen Sprung reingehen. Ich möchte unserem letzten Abend hier in unserem alten Leben einen richtigen Abschluß geben." Als Sie das Regine's betreten, ist das Programm in vollem Gang. Sie setzen sich an die Bar, und er bestellt zwei Whisky. „Whisky ist genau richtig", sagt er, „wenn man einen Schlußstrich zieht. Ein Kapitel ist zu Ende, wir blättern um und beginnen neu. Schön, daß wir das alles hier noch einmal sehen. Ich werde das Bild mit meinem Gedächtnis fotografieren (eine Tänzerin läßt gerade die letzten Hüllen fallen) und werde es immer mit mir tragen. Weißt du noch, werde ich später mal sagen, unser letzter Abend damals, im Regine's — der Whisky, die Tänzerin, diese ganze herrliche Oberflächlichkeit einer Gesellschaft, die jetzt hinter uns liegt..." ,,Meine Inspektoren-Prüfung", wollen Sie jetzt endlich einwerfen, aber er gibt Ihnen kei-

Träume im Nachtlokal

ne Chance. ,,Jetzt, werden wir sagen, sind wir schon lange hier in ...., na, wo werden wir sein? Sagen Sie jetzt bloß nicht Rio oder Singapur, wir wollen schließlich keine Postkarten nachhause schicken! Ich sage jetzt einfach mal: Transsibirische Eisenbahn — nachts über den Baikal-See, hin zur chinesischen Grenze, die Wüste Gobi im Mondlicht und dann mit dem Wasserflugzeug nach Macao. Noch zwei Whisky!"

Als Sie das Regine's verlassen, liegt Mitternacht längst hinter Ihnen — vor Ihnen, ein graues Nachtgespenst: Hofgeismar. Aber Ihr Zwillings-Mann scheint noch putzmunter. ,,So, und jetzt zu mir, die Fahrkarten holen!"

Als Sie im Fahrstuhl zu seinem Appartement hochfahren, fallen Ihnen die Augen zu. ,,Nun, mein Kind", sagt er, ,,nicht müde werden! Jetzt fängt der Abend ja erst an. Aber weil wir vorhin gerade von Macao sprachen — soll ich Ihnen mal meine Dias von Neapel zeigen? Ja? Wunderbar! Eine zauberhafte Stadt übrigens, in der immerzu Fahrradklingeln gestohlen werden."

Kaum sind Sie in seinem Appartement, als er auch schon eine Leinwand aufbaut, Projektoren zurechtstellt, Diakästen einschiebt. Und plötzlich ersteht die farbige Welt des Mezzogiorno vor Ihnen. In flüssigen Sätzen berichtet er von seiner letztjährigen Italienfahrt. „Wir könnten übrigens auch über Italien fahren", meint er, von den Bildern angeregt, „dann kleben wir uns schwarze Bärte an und beklauen deutsche Touristen. Was halten Sie davon?" Sie fühlen sich zu einer qualifizierten Antwort nicht mehr fähig, Blei haben die Strapazen des Abends aus Ihren Gliedern gemacht. Nachsichtig lächelnd schaut er Sie an. Er wirkt plötzlich älter, tausend Fältchen überziehen sein Gesicht und rahmen die lustigen grauen Augen ein. Auch scheint er das eine Bein etwas nachzuziehen. „Sie sind sicher müde", sagt er, „ich habe Ihnen wohl ein bißchen viel zugemutet heute. Nun, das Durchbrennen können wir natürlich auch verschieben. Wie wär's mit kommendem Samstag? Halt nein, da ist schon etwas, aber in 14 Tagen? Na, wir rufen uns noch mal an. Aber ich muß zugeben, auch ich könnte jetzt etwas Schlaf gebrauchen."

Erleichtert sinken Sie in den Sessel zurück. Alles ist Ihnen jetzt recht, nur bitte nicht Hofgeismar, nicht die Gobi im Mondlicht, keine schwarzen Bärte in Italien! Und auch die Prüfung ist gerettet. Entspannt und gelöst lächeln Sie ihm entgegen, als er sich über Sie beugt, um Ihnen beim Entkleiden behilflich zu sein.

Am nächsten Morgen — eine wunderbare Nacht liegt hinter Ihnen — sitzen Sie ihm glücklich am Frühstückstisch gegenüber. Und mit Erleichterung stellen Sie fest, daß er wieder der blonde, blauäugige Athlet ist, als den Sie ihn kennengelernt haben. Ein hinreißender Mann!

6
Wie man eine Zwillings-Frau verführt

Während man anderen Frauen — vor allem der Widderin — einfach eins hintendrauf gibt und sich dann mutig und mit einem Päckchen Verbandsmull dem weiteren Verlauf der Ereignisse stellt, muß man dem Zwillingsmädchen sozusagen einen intellektuellen Klaps verpassen. Dies kann in einer Buchhandlung geschehen, an einer Straßenbahnhaltestelle, auf einer Party oder auch während man an einem Seil eine überhängende Wand herunterhängt und bedarf keinerlei vorbereitender Einleitung. Man wirft einfach die Bemerkung hin: „Gehören Sie auch zu den Leuten, die eine Auflaufform für das typische Produkt einer postmodernen Zivilisation halten?"

Die so Angesprochene wird Ihnen daraufhin leicht ironisch zulächeln und antworten: „Und Sie, würden Sie etwa den falschen Gebrauch des Konjunktives als Teil einer allgemeinen Kulturrevolution hinnehmen?"

Darauf Sie: „Falls Sie damit sagen wollen, daß die Formel 'Hundert Blumen würden blühen' von Relevanz für den Tariflohn der Stahlarbeiter ist, folge ich Ihnen nur vorsichtig."

„Ach was", antwortet sie nun, „immer noch besser als Liebesentzug im Kleinkindalter."

Nun sind Sie voll am Zug. Nehmen wir an, Sie befinden sich beide in einem Café, um mal einen neutralen Ausgangspunkt zu nehmen — wobei ein Lokal im Bistro-Stil ideal wäre, denn Ihr Zwillingsmädchen hätte dann die Möglichkeit, sich wie Simone de Beauvoir zu fühlen —, so lassen Sie jetzt einen herben Landwein kommen und segeln weiterhin hart am Wind aufkommender Meinungsgegensätze. „Niemand", fahren Sie fort, ohne die Schwere Ihrer Worte in Betonung und Gesichtsausdruck anklingen zu lassen, denn das Gespräch mit einer Zwillings-Frau muß leicht und flüssig vonstatten gehen, „niemand kann uns sagen, ob unser Leben nicht doch nur eine einzige Fluchtbewegung in der Gegenwart ist, wie Ernst Bloch meint, so daß jeder Gedanke an das Morgen im Grunde nur rausgeschmissenes Gedankengut bedeutet."

„Sehen Sie sich die Autobahnen an", wird die Zwillings-Frau antworten, „jetzt, während der Urlaubszeit, und Sie werden begreifen, daß Sie Unrecht haben. Staus hin, Staus zurück. Und das alles wegen der Bräune. Halten Sie das etwa für eine Bewegung, die uns weiterbringt? Nein, ich will Ihnen mal was sagen: solange wir hier in Mitteleuropa den Völkern der Dritten Welt die Sonne wegnehmen, indem wir ihre UV-Strahlen ausbeuten, so lange hat Willy Brandt völlig recht, und unsere ganze Entwicklungshilfepolitik ist nichts als nur Lippenbekenntnis. Wie stand doch kürzlich im Stern: Ein Kegelclub in Bangkok kann die sozialen Verhältnisse dort nicht ändern. Und in Kenia ist es nicht die Spur anders. Und warum? Weil wir viel zu sehr auf die eigenen Probleme fixiert sind und nichts anderes im Kopf haben als die neue Kartoffeldiät von Manfred Köhnlechner."

„Meinen Sie die mit den gekochten Frühkartoffeln, die man zweimal pro Woche anstelle von Nutellabrot ißt?"

„Nein, das ist ja Kartoffeldiät 89, ich meine die Nummer 114, also die, bei der man die Kartoffeln in Scheiben schneidet und in der Sonne rösten läßt."

„Mit Schale?"

„Nein, das ist wieder eine andere, die war voriges Jahr. Ich meine jetzt die, bei der man die Kartoffeln in Würfel schneidet, in Salzwasser legt und einen Schuß Obstessig drübergießt. Aber gut: ich will damit sagen, daß uns Hautunreinheiten viel mehr beschäftigen als der verzweifelte Versuch der zentralafrikanischen Nationen, Zugang zu dem späten Hermann Hesse zu finden."

Was die Handlinien verraten

Nun ergreifen Sie die Hand Ihrer Zwillingspartnerin, drehen sie um, so daß Sie in die Handfläche blicken können, und sagen: „Und dennoch gibt es Leute, die sich erst von ihrer Schicksalslinie inspirieren lassen müssen, um ein Kind zu adoptieren oder das Opfer einer Leihmutter auf sich zu nehmen."

„Auch ein Thema", sagt die Zwillingin, „das wir kürzlich in unserer Gruppe durchgenommen haben, anläßlich einer gemeinsamen Lesung aus Readers Digest.

Kann man denn in dieser Situation überhaupt eine soziale Position beziehen, hat das Kind ein geistiges Erbe, auf das es bei drei Grad minus zurückgreifen kann, oder steht es nicht vielmehr beziehungslos zwischen gesellschaftlichen Welten. Mit einem Fuß im traditionellen Proletariat, mit dem anderen im entwurzelten Bürgertum — nehmen wir nur mal die Terroristen der vierten Generation. Können Sie das auf sich nehmen? Das ist doch ein Unterschied wie...“ „Sagen wir: wie zwischen Traumschiff und tschechischem Kamerafilm...?“

„Mindestens. Oft sogar wie zwischen Was bin ich? und dem Wort zum Sonntag.”

„Wo man sich, nebenbei gesagt, auch immer weiter von der Sache entfernt, je volksnäher man sich gibt”, werfen Sie ein und winken dem Ober.

„Die PR-Abteilung der Kirche“, nimmt Ihre Partnerin den Faden wieder auf, „macht nun mal den gleichen Fehler wie alle PR-Abteilungen: durch Reduzierung der Bedeutungsinhalte akzeptierbarer zu werden, obwohl zum Schluß keiner mehr so recht weiß, was da eigentlich akzeptiert werden soll und warum. Locker geschlagene Standpunkte, die sogar in Milch schwimmen, nicht wahr? Leichtverdaulichkeit, das ist es doch, was wir heute auch von Weltanschauungen verlangen, oder?“

„Ich würde Luzidität und einfache Begreifbarkeit nicht als Mangel an Substanzverlust werten. Denken Sie an die Statements des Bundeskanzlers“, sagen Sie, während Sie ihre Begleiterin aus dem Lokal und zum Wagen führen.

„Nein“, meint diese mit charmantem Eifer, „Anschaulichkeit ist sicher kein Makel, aber nichts anderes als Anschaulichkeit, das ist eben nicht anschaulich ge-

nug. Erst kürzlich stand in Petra, daß man Männern, die für alles eine Erklärung haben, nicht über den Weg trauen soll. Haben Sie gestern das Fernsehspiel 'Abende mit Mirjam' gesehen — die Geschichte einer Frau, die nur deshalb an sich zweifelt, weil es kein anderer tut, und die einfach nicht ertragen kann, daß sie keiner in Frage stellt, noch nicht einmal ihr Hund Bastard, der sie jeden Abend schweifwedelnd begrüßt, wenn sie von ihrem Computerjob nachhause kommt — ist denn Sympathie ein Beweis für Liebe? Also wenn Sie mich fragen, so ist Konflikt ganz einfach notwendig, damit man sich darüber klar wird, warum man sich über gewisse Dinge eben nicht klar wird. Viele Frauen fotografieren ja deshalb, oder malen, töpfern und waschen ihre Wäsche wieder von Hand, und das alles, um eine zielgerichtete Aktivität zu haben. Ob wir an Horoskope glauben oder ob wir heiraten, um versorgt zu sein — immer suchen wir uns, und wenn wir uns nicht finden, meinen wir, es läge an der schlechten Beleuchtung und beauftragen einen anderen damit. Um Gotteswillen, nur ja keine Neurosen, obwohl das doch eigentlich das einzige ist, was wir bei coop immer im Sonderangebot bekommen können."

Sie befinden sich inzwischen beide im Wagen, und Sie fahren umweglos, aber ohne zielgerichtete Hast zu sich nachhause. Unaufwendig und wie im Eifer des Gesprächs haben Sie nun beim Lenken den Arm um die Schulter Ihrer Begleiterin gelegt — nun müssen Sie schalten, tun aber dann die Hand wieder wie beiläufig auf die linke Schulter der Zwillingin. „Trotzdem", sagen Sie, „würden wir so viel über uns wissen, wenn wir eben nicht unsere Neurosen als Spiegel verwenden könnten? Denn daß wir uns in der Krankheit verwirklichen, das ist doch spätestens mit der Erfindung der Schutzimpfung aus der Mode gekommen." „Aber nehmen wir doch mal alle diese Alkoholiker, finden sich nicht wenigstens die in Ihrer Krankheit?"

„Wer sagt Ihnen, ob sich der Alkoholiker sucht oder ob er sich flieht. Und dann steht ja noch gar nicht fest, ob es sich dabei um eine Krankheit handelt oder einfach um das Bedürfnis, Bierkästen schnell zu leeren, ehe der Händler wieder kommt. Woher nehmen Sie Ihre Überzeugungen?"

Alkohol verdirbt die Figur

„Meine Überzeugung ist", sagt sie, „daß jede Droge von Gott kommt oder vom Teufel, und daß wir eigentlich alle nur Empfangende sind."

„Sie sind mir ja eine schöne Metaphysikerin", antworten Sie, „ich für meinen Teil kann nur sagen, daß Alkohol die Figur verdirbt und Kopfschmerzen auslöst, und damit bewege ich mich ganz auf dem Boden der Empirie — Dionysos hin oder her..." Inzwischen haben Sie Ihre Wohnung erreicht und helfen Ihrer Begleiterin aus dem Wagen. Während sie noch voll Engagement davon spricht, daß Alkoholismus und sozialer Abstieg — oder auch Aufstieg — Hand in Hand gingen, wobei allerdings Ursache und Wirkung nicht feststünden, betreten Sie Ihr Appartement, bieten Ihrem Gast einen bequemen Sessel an und holen dann eine Flasche herben Landweins. „Wir können uns", spricht die Zwillingin gerade, „über die Probleme dieser Menschen gar kein Bild machen, wenn wir nicht selbst in ein solches Schicksal involviert sind. Ich denke da an Herrn Vollmer aus unserem Betrieb, der morgens schon trinkt, dies aber den ganzen Tag hinter einer Maske aus Leutseligkeit verbirgt, während er mehr und mehr seine Identität verliert."

„Was machen Sie denn da?"

Während die Zwillingin nun auf Herrn Vollmers zerrüttete Ehe und verlorene Identität zu sprechen kommt und den Exorzismus als mögliche Therapie heranzieht, beginnen Sie beiläufig den oberen Knopf der Bluse bei ihr zu öffnen, mit der gedankenverlorenen Beiläufigkeit, als würden Sie ein interessantes Muster auf ihrer Haut nachzeichnen, und Sie fahren mit dieser Tätigkeit fort, bis ein Großteil der Kleidung vom Körper entfernt ist. Dabei können Sie hin und wieder einige Worte einwerfen, falls der Geist der Zwillingin kleine Ermüdungserscheinungen zeigt. Sätze wie: „Ich könnte mir gut vorstellen, daß eine Frau wie Sie schon durch die Reflexion gegangen ist und damit dieses Problem für sich gelöst hat..." helfen dabei immer. Bemerkungen der Zwillings-Frau wie z.B.: „Was machen Sie denn da?" sind auch hier nur rhetorisch gemeint und stellen keine Lernfrage dar.

Es wird sicher eine anregende Liebesstunde werden, da Ihre Begleiterin sich nicht durch Ihr Tun bremsen lassen wird, über das Verhältnis von Mode und Kunst zu sprechen und beides in Beziehung zur Jugendarbeitslosigkeit zu bringen.

Anschließend, wenn alles vorüber ist und Ihre Gefährtin einen prüfenden Blick in den Spiegel wirft, können Sie noch auf den Austritt der USA aus Unicef zu sprechen kommen, und vergessen Sie nicht, sich für den anregenden Abend zu bedanken, denn die Zwillingin will, daß man sie wegen ihres Geistes lobt und nicht wegen ihrer körperlichen Vorzüge.

Sie sehen, es ist nicht einfach, eine Zwillings-Frau zu verführen. Man sollte dafür schon einen Kurs in der Volkshochschule belegen — egal in welchem Fach —, Cosmopolitan lesen und auch keine Fernsehdiskussion auslassen. Dabei notiert man sich die besten Fragen und Antworten und setzt sie bei passender Gelegenheit gezielt ins Gespräch ein. Selbst muß man nicht viel reden, allerdings sollte das wenige, das man sagt, gehaltvoll sein und das Gespräch weiterbringen.

Maulfaule Steinböcke, die den Zusammenhang zwischen der neuen Kartoffeldiät und Herrn Vollmers unkontrolliertem Trinken nicht sehen wollen, bringen es hier nicht weit. Auch stürmische Widder, die den ganzen Konversations-Vorspann ersatzlos streichen wollen und sofort zur Tat schreiten, werden Schiffbruch erleiden. Geistvolle Wassermänner hingegen werden die intellektuellen Funken der Zwillingin zum Zischen bringen, und der charmante Waage-Mann wird nicht nur den Inhalt der Zwillingsrede loben, sondern auch die Ästhetik der Formulierungen zu würdigen verstehen — die einzige Schönheit übrigens, für die eine Zwillingin gelobt werden möchte.

7
Wie man einen Zwilling verführt

Man sagt einfach: ,,Wie wär's, kommst du nochmal mit zu mir?"

8
Unschedlichs Ansichten über Zwillinge

Nichts kann bekanntlich die Meinung eines Fachmanns ersetzen. Deshalb wollen wir hier nicht über den Zwilling reden, ohne die Ansichten von Joseph-Joachim („Jojo") Unschedlich einzuholen, einen der berühmtesten Astrologen unserer Tage.

Erst vor einem Jahr hat Unschedlich von sich reden gemacht, als er den Fixstern Beteigeuze ins Horoskop einbezog und als Hauptverursacher von Unglück und materiellen Schwierigkeiten ausmachte, besonders wenn ein exaktes Saturn-Quadrat hinzukommt.

Tatsächlich hatte Unschedlich kaum diese astrologische Neuerung entdeckt, als sein Nachbar, ein Weinvertreter namens Blaeschke, mit seinem Dienstmercedes beim Einparken gegen einen Toyota stieß. Beide Wagen hatten recht teuren Blechschaden, vor allem an den Lampen. Unschedlich stellte fest, daß für seinen Nachbarn die neue Beteigeuze-Theorie voll zutraf. „In gewissem

Sinn'', so Unschedlich, ,,fühle ich mich schuldig. Hätte ich diese astrologischen Zusammenhänge nicht entdeckt, wer weiß, vielleicht wäre Blaeschke die Sache nicht passiert. Oder aber, man hätte ihm Vorwürfe wegen seiner Leichtfertigkeit machen müssen, mit der er zurückstieß. Nun aber muß man davon ausgehen, daß er unter der Wucht einer bösen Bestrahlung stand, eigentlich also völlig schuldlos war. Leider aber wollte sich die Polizei nicht darauf einlassen.''

Wir gingen sofort in medias res. ,,*Meister*'', sagten wir, ,,*was können Sie uns über die Zwillinge erzählen?*''

,,Über die Zwillinge? Meinen Sie jetzt Bud Spencer und Terence Hill, Thomas und Heinrich Mann oder Alice und Ellen Kessler?''

,,*Keinen bestimmten, wir dachten an das Tierkreiszeichen ganz allgemein.*''

,,Oh, da gibt es einiges zu sagen. Der Zwilling ist das dritte Zeichen des Tierkreises, ein Luftzeichen und von veränderlichem Charakter. Man könnte ihn also'', und hier lächelte Unschedlich sein geheimnisvolles Astrologenlächeln, ,,man könnte ihn also für den Erfinder der Luftveränderung halten. Überhaupt hat er ein starkes Verhältnis zur Luft. Viele Benutzer von Luftpumpen beispielsweise sind im Zwilling geboren — aber kaum einer, der Vollgummireifen verwendet! —; unter den Bewohnern von Lufkurorten finden sich viele Zwillinge, und auch der Mieter über mir, ein gewisser Alfred Luft, ist Zwilling. Das geht sogar soweit, daß Zwillinge ohne Luft nicht leben können. In einem Reihenversuch wurde nachgewiesen, daß Zwillinge nach einiger Zeit das Bewußtsein verlieren, wenn man ihnen die Luft wegnimmt. Führt man ihnen anschließend wieder Luft zu, so erholen sie sich schnell wieder. Dieses Verhältnis zur Luft kann man beim Zwilling schon fast als schicksalhaft bezeichnen. Da kann ich Ihnen so manche Kuriosität nennen. Beispielsweise die Dame, die immer bei mir saubermacht. Sie heißt Sturm und hat den Mars im Zwilling. Und auch das Luftgewehr kommt von einem Zwilling, jedenfalls das mit zwei Läufen."

„*Das macht sich sicher auch beim Beruf des Zwillings bemerkbar?*" „Aber sicher. Zwillinge werden Sie häufig am Flughafen finden, wo sie speziell bei der Luftfrachtannahme ihre guten Gaben einsetzen können. Oder an der Baustelle, am Presslufthammer. Chirurgen, die gern

Fata Morgana und Atü

Luftröhrenschnitte machen, sind ebenfalls in aller Regel Zwillinge. Aber auch als Erfinder in diesem Bereich trifft man ihn immer wieder. Ich erwähne nur den Italo-Amerikaner Fata („Fats") Morgana, den Erfinder der Luftspiegelung, und den Deutschen Albert Tüssing (Atü), dem wir den Luftdruck verdanken."

„*Wie ist der Zwilling privat?*"

„Nun, eigentlich immer zu mehreren. Ich darf Ihnen hier ein herausragendes Beispiel nennnen. Ganz in der Nähe hier gibt es zwei Jungen, die Zwillinge sind, also biologisch. Beide sind darüberhinaus auch noch im Zwillingszeichen geboren und haben den Zwilling als Aszendenten. Ja, die sind im Grunde zu zehnt, das muß man sich mal vorstellen. Kürzlich konnten sie ganz allein eine Fußballmannschaft aufstellen — sie ließen als elften Mann ihren kleinen Bruder mitspielen — und spielten gegen einen Verein aus der Nachbarschaft. Natürlich ge-

wannen sie. Warum? Weil sie sich blind verstehen und großartig kombinieren können."

„*Das gilt auch für den geistigen Bereich?*"

„Selbstverständlich. Vor allem da. Der Zwilling hat nämlich einen sehr aktiven Intellekt, der allerdings nicht tief geht. Versuchsbohrungen haben ergeben, daß seine maximale Tiefe bei zweikommadrei Millimetern liegt, aber das genügt ja für die meisten Probleme dieser Welt. Dafür ist der Intellekt aber breit angelegt und von universeller Verwendbarkeit. So ist der Zwilling ein begabter Debattierer und mischt sich sogar in Fernsehdiskussionen ein, wenn er nur vorm Bildschirm sitzt. Dabei ist ihm jedes Thema recht und seine Übergänge sind fließend. In einem Versuch hat man eine Gruppe von Zwillingen mit verbundenen Augen vors Fernsehgerät gesetzt und gleichzeitig fünf Fernsehdiskussionen über fünf verschiedene Themen ablaufen lassen. Die Testpersonen konnten sich an den Diskussionen beteiligen, wovon sie übrigens ausgiebig Gebrauch machten. Dabei wurden vom Versuchsleiter die Kanäle blitzschnell und an dafür gut geeigneten Stellen gewechselt, so daß ein Wechsel nicht erkennbar war. Es geschah, wie man es erwartet hatte: keiner der Teilnehmer erkannte, daß er an ganz verschiedenen Diskussionen teilnahm — für alle war es eine einzige Diskussion. Und dabei ging es nacheinander um Abrüstung, Arbeitsplatzsicherheit, die Frau heute, Schädigung der Umwelt durch Sport und moderne Kunst — einige der Testpersonen waren bei der letzten Diskussion sogar eingeschlafen, redeten aber noch mit. Gut, bei moderner Kunst mag das kein Problem sein, aber immerhin — es zeigt die verbale und geistige Flexibilität des Zwillings."

„*Wie ist er im Privatleben, also in Liebe und Ehe?*"

„Hier ist er Versuchungen ausgesetzt. Genauer gesagt: er neigt zur Untreue. Nehmen wir an, seine Frau kennt sich zwar unter den französischen Strukturalisten aus, hat aber keine Ahnung von Südamerika. Jetzt lernt er eine kennen, die ihm alles über Gabriel Garcia Marquez zu erzählen weiß, und schon kann es sein, daß er einen geistigen Fehltritt riskiert. Aber das ist bei ihm — wir sprachen ja schon darüber — niemals tiefgehend und dauert nie sehr lange. Es braucht nur eine Dritte zu kommen, die ihn mit ihrem Wissen über Fetischismus auf Bali umgarnt, und schon verläßt er die Südamerikanerin, zumal ihn auch Marquez kaum länger als drei Tage interessieren wird.“

„*Und seine Schwächen, wo liegen die?*“

„Zunächst in seinem Unvermögen, Gefühle zum Ausdruck zu bringen, ohne sie zu verbalisieren. Er sollte deshalb nicht sagen: mich friert!, sondern versuchen, zu zittern und in die Hände zu hauchen. Dann natürlich auch in seinem Mangel an Ausdauer. Er sollte nicht heute in einer Firma anfangen und erwarten, daß man ihn morgen schon zum Vorstandsvorsitzenden macht. Dazu sollte er erst mal acht oder zehn Tage verstreichen lassen — soviel Geduld muß sein. Und künstlerisch begabte Zwillinge sollten nicht heute einen Brief an ihre Tageszeitung schreiben und erwarten, daß sie nun schon alles getan haben, um den Literatur-Nobelpreis zu bekommen — außer natürlich, es handelt sich um einen Leserbriefschreiber in einem kleinen kommunistischen Land auf dem Balkan, das noch nie den Nobelpreis bekommen hat. Dann könnte er Glück haben.“

„*Sie sprechen von Kunst, Meister. Kunst und Zwillinge, was gibt es darüber noch zu sagen?*“

„Daß Zwillinge vor allem in der Musik bedeutendes leisten — siehe Richard Wagner und Richard Strauß. Und daß sie am liebsten nach einem Programm arbeiten, siehe ebenfalls Richard Strauß. Der Zwillings-Komponist braucht eine literarische Vorlage, ein Programm eben, sonst fühlt er sich hilflos. Ich kenne z.B. einen modernen

Komponisten namens Edelmann, der das Programm einer Marketing-Tagung zum Thema einer symphonischen Dichtung gemacht hat, die ihm großen Erfolg brachte. Und ein anderer wollte sogar ein Konzertprogramm vertonen. Es kostete große Mühe, ihn davon zu überzeugen, daß die Oberon-Ouvertüre von Weber, das Violinkonzert von Brahms und die 40. Symphonie von Mozart alle schon komponiert seien, so daß es für ihn nichts mehr zu tun gäbe. Er war sehr enttäuscht."

„*Herr Unschedlich, wir danken Ihnen für dieses interessante Gespräch.*"

„Keine Ursache. Und kaufen Sie sich mal die Platte von meinem Freund Edelmann, Sie wissen, die vertonte Marketing-Tagung. Sie ist bei Ariola erschienen und heißt: Marketing im Zeitalter der elektronischen Medien unter Berücksichtigung eines neuen Umweltbewußtseins. Ist'n recht hübsches Stück, wenn auch etwas viel Blech drin vorkommt."

9
Der Tag eines Zwillings

Als ich erwache, tritt sofort mein Gehirn in Aktion und konfrontiert mich mit dem ersten Problem des Tages: naß oder trocken? Jeden Morgen muß ich mich mit diesem Problem auseinandersetzen, jedesmal muß ich es zu lösen wissen und jedesmal tue ich es aus der konkreten Situation heraus. Blitzartig überfliege ich die Argumente: eine Trockenrasur würde mir wahrscheinlich zehn Sekunden an Zeitersparnis bringen, die ich — über den Tag verteilt — nur zu gut gebrauchen könnte. Die Naßrasur hingegen bietet mir eine vitalisierende Wirkung, und auch dieser Effekt kann mir herausragenden Nutzen bieten: Klarheit, Helligkeit, geistige Überfitness. Und diese Kombination halte ich noch immer für die beste Abschußbasis unorthodoxer Gedanken. Gut also — heute naß. Den Zeitverlust werde ich im Laufe des Tages schon hereinholen. Notfalls kürze ich die Mittagspause entsprechend ab.

Beim Frühstück entscheide ich mich für koffeinfreien Kaffee — die Naßrasur hat in vollem Umfang belebt, ich muß meinen stets angespannten Nerven keinen Mokka zumuten. Dann betrachte ich Frühstücksei und Marmelade-Brötchen — wem gebe ich heute den Vorzug? Los, fordere ich die beiden auf, nennt mir eure Argumente. Erhöhung des Blutzuckerspiegels, meldet sich das Brötchen. Cholesterin, hüstelt das Ei hinter vorgehaltener Hand. Es verkauft sich schlecht, denke ich mir, lasse das Ei stehen und esse das Brötchen auf dem Weg zum Auto, um einen Teil der verlorenen Sekunden wieder reinzuholen.

Die Alternative: öffne ich zuerst das Garagentor und fahre dann heraus, oder mache ich es umgekehrt? beantworte ich mit einer Entscheidung fürs Erste. Zu teuer war die Reparatur kürzlich gewesen, als ich die andere Möglichkeit gewählt hatte. Doch das Thema ist noch nicht grundsätzlich ausdiskutiert.

Auf dem Weg zum Büro wird mein Bewegungsdrang mehrfach erheblich eingeschränkt: Alle Ampeln stehen auf Rot, und auch als sie umschalten, bewegt sich meistens nichts. Auf diese Weise kriege ich die der Naßrasur geopferten Sekunden niemals herein! Dennoch bietet der

Stau, in dem ich mich nun befinde, Anlaß zu mancherlei geistiger Tätigkeit. Alles das also, so schießt es mir durch den Kopf, hat vor rund zweieinhalb Milliarden Jahren in einer Ursuppe bei Blitz und Donner angefangen. Aminosäuren entstanden, Amöben, Blaualgen — Schritt für Schritt entwickelte sich die belebte Natur. Dann trat der Mensch auf den Plan, ein eigenartiges System koordinierter Zellen, und gipfelt vorläufig wenigstens im Vorstand von Daimler-Benz, dem wir das Auto verdanken, mithin auch den Stau. Unwillkürlich muß ich lächeln — was wäre wohl geschehen, wenn damals, vor zweieinhalb Milliarden Jahren nur blauer Himmel und Sonnenschein geherrscht hätten? Keine Aminosäuren, keine Blaualgen — kein Mensch, kein Auto, kein Stau. Diese logische Kette ist verblüffend. Manchmal spielt einem das Wetter doch arge Streiche.

Erste Informationen im Büro

Ich lege diese Erkenntnis in meinem Gedächtnis ab — vielleicht, daß ich bei Gelegenheit, anläßlich einer Aktennotiz, darauf zurückgreife, um Zusammenhänge besser darstellen zu können. Obwohl ich eigentlich dagegen bin, allzu weit auszuholen. Im Büro überfliege ich ebenso schnell wie konzentriert die Tageszeitung, um die wichtigsten Fakten des Weltgeschehens zu vereinnahmen. Die Titelseite steht ganz unter dem Thema des 40. Jahrestages der deutschen Kapitulation. Wieder muß ich lächeln. Diesmal über die Kommentatoren, wenn es um Moral und Schuldzuweisung geht. Vier Filme habe ich in letzter Zeit gesehen, alle von Deutschlands ehemaligen Gegnern, und jedesmal sind die darin vorkommenden Deutschen von einer Tölpelhaftigkeit, daß es mir schwerfällt, an ihre hinterhältigen Verbrechen zu glauben. Auch scheint es mir anhand ihres darin aufgezeigten unintelligenten Verhaltens nicht glaubhaft, ihnen Blitzsiege sowie die Herrschaft über ganze Erdteile in kürzester Zeit zu unterstellen.

Das Märchen von den Blitzsiegen

In dem einen Film — ich erinnere mich genau — hat ein Franzose ganz allein (gut, immerhin handelte es sich um Jean-Paul Belmondo) die gesamte deutsche Besatzungsmacht in Angst und Schrecken versetzt. Und in einem anderen Streifen, dessen dokumentarischen Gehalt anzuzweifeln ich keinerlei Gründe habe, ist es sogar Louis de Funes gelungen, heillose Verwirrung in die Reihen von SS und Wehrmacht zu bringen. So also sieht die Wahrheit aus! Das Ausland zeigt sie uns immer wieder, nur die deutsche Journaille will uns noch immer für alles verantwortlich machen und behauptet, wir hätten eine Welt erobert.

Gut, somit wäre auch das geklärt.

Nun steht ein Brief an. Es geht um eine Reklamation über sechs Kisten mit silbergrauen Toupets, die statt in Medium in King Size geliefert wurden. Ich mache mich an den Entwurf, komme aber über den dritten Satz nicht hinaus. Als ich überlege, woran es liegt, stelle ich fest, daß es das Problem ist: Es interessiert mich einfach nicht. Grausilberne Toupets, King Size — na wenn schon, was soll's, die Welt wird daran nicht zugrunde gehen. Ich aber soll dieses Thema zu einem Brief aufbauschen.

ALEX

Ich versuche mich zu konzentrieren, aber regelmäßig schweifen meine Gedanken ab, rennen sich fest bei der Überlegung, wie ich es anstellen soll, Ilse Hamacher zu überreden, mit mir heute in die Kantine zu gehen. Sie sitzt ein paar Schreibtische entfernt von mir und macht Ablage. Ich kann ihre geschickten Bewegungen verfolgen, mit denen sie das K wahrscheinlich wieder unter L ablegt, so daß man nichts findet. Aber es geht ihr wahrscheinlich wie mir: die Arbeit unterfordert sie. Heute werde ich es endlich wagen, sie aufs Mittagessen anzusprechen. Kühl, unendlich geistvoll werde ich vor sie hintreten und sagen: „Wollen Sie heute nicht mal mit mir in die Kantine gehen?" Leicht, wie aus dem Handgelenk gezaubert, muß diese Frage kommen. Dazu ein kleines, aber unwiderstehliches Lächeln um die Mundwinkel. Ich beginne, mich an den weiteren Gesprächsverlauf zu verlieren... Der Brief! Richtig. Das sollte vorher noch erledigt sein. Ich komme zu der Überzeugung, daß es das beste ist, ihn an Borsig zu delegieren. Er ist ein netter und fleißiger Kerl, intelligent, aber auf einem etwas niedrigeren Niveau. Die Welt seiner Probleme ist kleiner, übersichtlicher. Für ihn ist so ein Brief eine echte Herausforderung. Außerdem bin ich sowieso der Meinung, daß dieses Thema in sein Ressort fällt, und ich möchte ihm schließlich nicht alle Arbeit wegnehmen.

Borsig ist zunächst ablehnend. Sagt, er hätte eine Menge anderer Arbeit zu tun. Aber ich spüre, daß es nur die Angst ist, die er vor dieser Aufgabe hat. Er fürchtet, daß er es nicht hinkriegt. Ich versuche, ihn zu überzeugen (wovon, weiß ich nicht mehr), und verwickele ihn in eine Diskussion, die ich bei den Upanishaden beginne und beim Organisationsplan der Abteilung enden lasse. Die

Sache dauert fast zwei Stunden, aber Borsig ist nun mal leider nicht der Schnellste beim Denken. Immerhin: er sieht ein, daß der Brief von ihm geschrieben werden muß.

Eine Einladung in die Kantine

Nun nehme ich mir eine Verkaufsaufstellung vor, ein albernes Dokument mit Zahlen, Tabellen und Kurven, das genau sagt, ob wir mehr verkauft haben als letztes Jahr. Oder auch weniger oder genausoviel, wer will das wissen? Ich werde es kurz überfliegen und wichtige Schlüsse daraus ziehen.

Während ich mich noch mit einer besonders schönen Kurve beschäftige, geht Ilse Hamacher vorbei, um einen Ordner nach PH 2 zu bringen. Die Art, wie sie geht, indem sie einen Fuß vor den anderen setzt, erregt mich immer wieder. Also heute werde ich sie ansprechen. Vielleicht hat sie schon seit Monaten darauf gewartet, so daß sie vor lauter Begeisterung mitgerissen wird. Ich stelle mir vor, wie wir zusammen zur Kantine gehen — den Flur entlang, zwei Treppen tiefer, über den Hof und zum Verwaltungsbau A 1, wo sich die Kantine befindet. Worüber werden wir sprechen? Soll ich Komplimente machen über die hinreißend weibliche Art, mit der sie den Fotokopierer bedient, oder soll ich sie auf den bezaubernd grausamen Zug ansprechen, den sie jedesmal um die Augen herum hat, wenn ich sie bitte, ein FS aufzugeben? Ich könnte natürlich auch das Fernsehspiel von gestern abend erwähnen, in dem eine Sekretärin in leidenschaftlicher Liebe ihren Chef verfallen war. So weit ich sie beurteilen kann, hat sie einen klaren und unverbildeten Geist. Es steckt vermutlich mehr an instinktivem Intellekt in ihr, als ihr Freund, ein sportlicher, nicht unhübscher junger Stumpfkopf aus ihr herauszuholen vermag. Sie muß sich an meiner Seite wie ein wachgeküßtes Dornröschen vorkommen. Keine Frage — die Sache wird sich weiterentwickeln.

Es ist zwölf. Gottseidank muß ich jetzt nicht mehr länger warten. Ich stehe auf, greife zu meinem, in die Serviette eingewickelten Besteck und gehe zu ihr. „Wollen Sie heute mal mit mir zur Kantine gehen?“ frage ich, ganz in der Art, wie ich es mir vorgenommen habe — kühl und geistvoll. Sie blickt kurz auf: „Nein, ich gehe nie in die Kantine.“

Während ich zum Essen gehe, verfluche ich mich, daß ich auf diese Reaktion nicht vorbereitet gewesen bin. Aber irgendwie ist es schon enthüllend, daß sie die Bild-Zeitung und einen Becher Joghurt meiner Gesellschaft vorzieht. Sollte es daran liegen, daß ich zwanzig Jahre älter bin und etwas Übergewicht habe? Ist sie wirklich so ein vordergründig orientiertes Wesen? Immerhin, vielleicht sollte ich mal etwas für mein Aussehen tun. Man muß sich eben damit abfinden, daß Geist sich besser verkauft, wenn er gut verpackt ist. Also bestelle ich das normale Menu, esse aber hinterher noch das Diät-Angebot — irgendwann muß man ja mal anfangen.

Als ich zurückkomme und mich wieder über die Tabellen hermachen will, steht plötzlich Borsig neben mir. Er hat einen hektografierten Zettel in der Hand, der ein albernes Denkspiel enthält. Man muß 20 ebenso sinnlose wie dümmliche Fragen beantworten und Anweisungen befolgen, z.B. seinen Namen hinschreiben, dreimal um den Schreibtisch gehen, aus dem Fenster blicken und die

Wagen auf dem Parkplatz zählen, über intime Verrichtungen Auskunft erteilen usw. Ich bin kein Spielverderber und tue alles. Als ich es durchhabe, lacht Borsig sich halb tot und zeigt auf den dritten Satz der ersten Seite, in dem alle weiteren Anweisungen für ungültig erklärt werden. Borsig wiehert drauflos, weil er meint, mich der Dummheit überführt zu haben, wo ich doch lediglich zu schnell war. Immerhin nehme ich mir das Papier und gehe damit zu Laumann, Zimmer und Teusch, um sie dem gleichen Test zu unterziehen. Laumann, ein geistig unbeweglicher Typ, liest jeden Satz langsam und deutlich — mich wundert, daß er nicht noch seinen Finger zu Hilfe nimmt. Natürlich muß man auf diese Weise die Klippe entdecken. Zimmer fällt auch nicht drauf rein, doch es gelingt mir, durch geschicktes Fragen herauszukriegen, daß er schon mal von dem Test gehört hat. Nur Teusch, sonst ein wahnsinnig intelligenter Kerl, tappt in die Falle. Es scheint, daß man umso gefährdeter ist, je mehr Intelligenz man hier in die Waagschale werfen kann. Teusch ist ein angenehmer Mensch, und wir unterhalten uns noch eine ganze Weile.

Gegen drei fällt mir siedendheiß ein, daß ich gestern vergessen habe, ein Päckchen an die Druckerei Staufer zu schicken, das heute unbedingt da sein muß. Vor lauter Konzentration auf Verkaufszahlen übersieht man natürlich solche Details. Das Beste wird sein, ich schnappe mir das Päckchen und fahre schnell selbst zu Staufer! Klar, das ist die Lösung. Ich muß mal dringend los, sage ich zu Frl. Künzel, der Abteilungssekretärin, und als ich die Treppe hinuntereile, spüre ich, wie meine Nerven vibrieren. Tempo, Spannung, Rettung in letzter Sekunde, heute hier, morgen da — das ist meine Welt! Ich werfe mich in den Wagen und rase los. Wenn ich mich beeile, kann ich sogar noch vor Büroschluß zuhause sein. Die Frage ist nur, wie rechne ich das Kilometergeld ab? Man wird unbequeme Fragen stellen, aber es wird mir etwas einfallen. Zähflüssiger Rush-hour-Verkehr stellt sich mir entgegen, und wieder einmal erkenne ich, daß das langsamste auf der Welt ein deutscher Autofahrer vor einer grünen Ampel ist. Trotzdem — dies ist mein Element. Diplomatischer Kurier hätte ich werden müssen, wieselflinker Agent, Chauffeur bei einem Vorstandsvorsitzenden! Statt dessen: ein Schreibtisch mit Tabellen.

Als ich bei Staufer ankomme, ist man hochbeglückt. Einmal über das Päckchen (ich weiß noch nicht mal, was drin ist!) und einmal darüber, daß ich höchstpersönlich komme. Die Äußerung: Das hätte doch auch noch bis morgen Zeit gehabt! überhöre ich. Jedenfalls: als ich nach Hause komme, ist es Punkt halb fünf. Also habe ich die zehn Sekunden von heute früh durch mein irrwitziges Arbeitstempo mehr als wettgemacht.

ALEX

10 Erstaunliches über berühmte Zwillinge

Die großen Geister der Menschheit sind natürlich gleichmäßig über alle Tierkreiszeichen verteilt. Doch sagen die Experten, daß der Zwilling die größten Chancen habe, bedeutendes zu leisten, da er ja zu zweit ist. Manche Zwillinge aber haben sogar noch mehr Chancen.

Ein gutes Beispiel ist der ehemalige amerikanische Außenminister Henry Kissinger. Kissinger ist nicht nur ein Zwilling, er hat angeblich auch noch den Zwilling als Aszendenten, so daß er aus insgesamt vier Personen besteht. Daraus lassen sich nun auch leicht seine diplomatischen Erfolge erklären. Denn damit löste er einmal die technischen Probleme seines Berufes, d.h. er konnte an den wichtigsten politischen Zentren immer zur gleichen Zeit sein. Und zweitens konnte er sich immer mit sich selbst besprechen, denn dieses Vierergremium, das ausschließlich aus Kissinger bestand, hatte sich natürlich jedesmal eine Menge interessanter Informationen mitzuteilen, und somit war Kissinger immer auf dem neuesten Stand aller relevanten Fakten. Während des Nahostkrieges, als Kissinger die Kampfhähne Israel und Ägypten zum Frieden überredete, konnte er seine personelle Übermacht souverän ausspielen: Kissinger eins redete mit Golda Meir und Kissinger zwei mit Sadat. Vor jeder Verhandlungstür aber standen Kissinger drei bzw. vier. War einer der beiden verhandelnden Kissinger müde, so ging er mal kurz nach draußen und kam als neuer, nämlich ausgetauschter Kissinger zurück. Der jeweilige Verhandlungspartner waren die astrologischen Einzelwesen Sadat als Steinbock und Golda Meir als Stier, und die hatten natürlich solche Erneuerungsmöglichkeiten nicht. So waren sie der frischen Vitalität des ausgewechselten Kissinger nicht gewachsen, und der Minister kam ans Ziel seiner Verhandlungswünsche.

Nicht auszudenken, wenn Kissinger ebenfalls ein Einzelwesen wäre, eine Jungfrau z.B. oder ein Wassermann! Denn in diesem Fall hätte er bei seiner Friedensmission große Schwierigkeiten gehabt und hätte tatsächlich immerzu hin und herfliegen müssen, wie es die Nachrichten uns einreden wollten, denn logischerweise wollte man Kissingers Vierervorteil nicht publik machen, um den Effekt nicht zu gefährden. Mit einem um ein, zwei Monate früher oder später geborenen Kissinger jedenfalls würde die Welt, zumindest die des Nahen Ostens, entschieden anders aussehen.

Auch ein anderer Zwilling machte eine große politische Karriere, ja sogar eine noch größere als Kissinger: der ehemalige amerikanische Präsident John F. Kennedy. Er war ein totaler Zwilling, denn er existierte sogar in leiblicher Form zweimal, wovon aber die Welt bis heute noch gar nichts gewußt hat. Beide Kennedys machten Karriere — der eine als Politiker, der andere ebenfalls als Politiker. Nur in unterschiedlicher Größenordnung, denn der eine wurde erst Gouverneur und dann Präsident, während der andere es nur zum Zehlendorfer Bezirksbeirat brachte. Dennoch durfte der Zehlendorfer damals in Berlin die große Rede halten, als sein Bruder aus den USA zu Besuch war, und er schloß sie mit den berühmten Worten: Ich bin ein Berliner. Diese Worte wurden stürmisch bejubelt, obwohl der Grund dafür nicht recht einzusehen war, denn warum soll ein Zehlendorfer nicht öffentlich bekennen, daß er Berliner ist?

Dieser Jubel, der nicht enden wollte und auch nicht mehr zu übertreffen war, ließ dann den amerikanischen Kennedy-Zwilling auf seine Rede, die für anschließend geplant war, verzichten. „Die Leute wollen jetzt einfach nichts anderes mehr hören", sagte er zu seinem Berliner Zwillingsbruder, „und einen größeren Beifall als du eingeheimst hast, schaffe ich sowieso nicht mehr. Also lassen wir's für heute." So verzichtete also der amerikanische Kennedy auf seine Ansprache, und so kam er auch nicht dazu, seine Schlußworte zu sprechen, die gelautet hätten: Ich bin ein Bostoner.

Valentin und Wanninger

Ein Beispiel für ein Zwillingspaar, wo der eine den anderen ausbeutete, bietet der Münchner Komiker Karl Valentin. Valentin hieß eigentlich Ignaz Wanninger und hatte einen Zwillingsbruder, der Aloys Wanninger hieß. Beide Wanningers waren recht unterschiedliche Charaktere. Ignaz — der spätere Valentin — war das, was man gemeinhin einen Taugenichts nennt, d.h. er hing den ganzen Tag in irgendwelchen Münchner Beisln rum, den Maßkrug in der Hand. Aloys dagegen erlernte das Buchbinderhandwerk und machte sich später selbständig. Leider hatte er dann den so bekannten und unangenehmen Auftritt mit der Münchner Baufirma Meißel und Compa-nie: Einen größeren Auftrag hatte er termingerecht wie immer erledigt und wollte nun wissen, wo er Bücher und Rechnung hinzuschicken habe. Die Geschichte ist nur allzu bekannt: Wie immer, wenn es ans Bezahlen geht, war kein Mensch zuständig. Wanninger blieb auf seiner Arbeit sitzen, bekam kein Geld und erholte sich von diesem Schlag nicht wieder. Was aber tat der Zwillingsbruder Iganz? Statt seinem Bruder tatkräftig beizuspringen, ging er mit dessen Geschichte hausieren. Aloys hatte sie ihm unter Tränen berichtet, Ignaz aber hielt sie für eine

Riesengaudi, erzählte sie in seinen Kneipen den anderen Tagedieben und erntete ein Riesengelächter. So erzählte er sie immer wieder (man darf nicht vergessen: ein Ereignis, das seinen Bruder ins Elend trieb), kassierte Freibier und wurde ein bekannter Mann. Er legte sich den Künstlernamen Karl Valentin zu und ging nun mit der Geschichte vom Buchbinder Wanninger skrupellos auf Tournee. Mit der Zeit erweiterte er sein Repertoire um weitere Stories, mattere zumeist, und wenn nicht, so stammten sie ebenfalls von seinem Bruder, der ja davon lebte, für Valentin Sketche anzufertigen („Schreib mal wieder so was in der Art, wie damals das, wo du bei Meißel geleimt wurdest, hahaha," so der herzlose Ignaz) — kurz, er wurde ein berühmter Mann und brachte es zu einem nicht geringen Vermögen.

Auch Valentin also, von dem die erlesensten Literaturkritiker einhellig schwärmen, verdankt seine Karriere allein seinem Sternzeichen Zwilling. Als Stier, Widder oder Löwe und somit ohne Zwilling, wäre er nie ans Licht der Öffentlichkeit getreten, sondern in irgendeinem Pschorr-Bierkeller an Leberzirrhose dahingegangen.

Und noch eine Zwillings-Geschichte, allerdings eine, von der man — im Gegensatz zu den anderen, hier erzählten — nicht weiß, ob sie stimmt: August der Starke. Wir hatten ihn bereits unter seinem echten (?) Sternzeichen Stier erwähnt, aber man findet in manchen Werken als Geburtsdatum auch schon mal den 12.6.1670. August, der von seiner ganzen Natur her viel mehr dem Stier entsprach, wofür auch sein weit häufiger genannter Geburtstag 12.5.1670 steht, hatte wohl mal sein Datum etwas retuschiert, um zuhause als Zwilling durchgehen zu können. Bekanntlich war er Vater von rund 300 Kindern, die er gar nicht alle von einer Frau haben konnte, sondern die er deshalb mit zwei, drei zusätzlichen Freundinnen zeugte. Um nun verständlichem häuslichem Ärger zu entgehen, behauptete er einfach, er sei Zwilling, und der Kindersegen ginge auf das Konto seines zügellosen Bruders, der ein völlig charakterschwacher Mensch sei und ihm, August, in keiner Weise ähnele. ,,Aber'', so August angeblich mit Unschuldsmiene, ,,ich kann mich zwar über ihn aufregen, aber ich kann ihn nun mal leider nicht ändern, und so müssen wir sein sittenloses Treiben eben hinnehmen. Oder'' (so August wörtlich) ,,soll ich meines Bruders Verhüter sein?''

11
Der Ausnahme-Zwilling

Er hatte uns gebeten, nicht viel Aufwand zu treiben. Mehrere Leute zur gleichen Zeit, so seine Äußerung, würden ihn nervös machen. Er empfing uns vor einem Gewächshaus, hatte eine grüne Schürze umgebunden und trug auf dem Kopf einen breitkrempigen, ausgefransten Strohhut, wie er von Leuten getragen wird, die auf Büchern mit dem Titel „Der Hobbygärtner" oder „Viel Freude an allem, was wächst" abgebildet sind. In der Hand hielt er einen Rechen. Sein Gesicht war rund und freundlich. Es war das Gesicht eines Mannes, der sich deutlich mehr Gedanken macht über das Gedeihen von Radieschen als über die Zukunft des modernen Romans in der Meinung von Walter Benjamin.

Seine Worte setzte er ruhig und bedächtig. Genauer gesagt: er redete fast überhaupt nicht. Dies war auch der Grund, weshalb sich das Interview so schwierig gestaltete. Denn das meiste, was hier steht, mußten wir uns selbst zusammenreimen. Und oft war das Einzige, das er zu einem Satz beisteuerte, ein Komma oder ein Gedankenstrich, und das ist natürlich verdammt wenig, wenn hinterher drei ganze Zeilen mit Subjekt und Prädikat und Objekt herauskommen sollen.

Würfelförmige Kartoffeln

Trotzdem stimmt natürlich alles, was hier steht, denn wir übergaben ihm anschließend das Manuskript mit dem gesamten Interview und fragten ihn, ob das so stimme. Er nickte begeistert, indem er den Kopf um ganze einskommadrei Millimeter vor und zurück bewegte, und das durften wir als Einverständnis werten.

Wir fragten ihn zunächst, was er in seinem Gewächshaus anpflanze, und er antwortete, daß er sich seit über zwanzig Jahren um eine besondere Kartoffelsorte bemühe, und zwar um eine exakt würfelförmige Art. Es handele sich bei dieser Arbeit um die Bewältigung eines Jugendtraumas. Mit vier oder fünf Jahren hatte ihn sein Vater wegen irgendeiner Kleinigkeit bestraft, indem er ihn in den Keller schickte „Kartoffeln aufschichten". Einen ganzen Tag hatte er damit zugebracht, das väterliche Geheiß zu erfüllen, aber die Kartoffeln waren immer wieder auseinandergekullert, wenn er auch nur ein paar aufgeschichtet hatte. Völlig in Tränen schwimmend hatte ihn der Vater abends vorgefunden und von seiner Aufgabe erlöst. Seine Verzweiflung, so stellte er klar, war nicht etwa von dem halbdunklen Keller gekommen oder von der Arbeit, sondern sie kam aus seinem Bewußtsein, versagt zu haben und noch nicht einmal eine so einfache Aufgabe lösen zu können, wie Kartoffeln aufzuschichten. Erst später hatte er erfahren, daß dies in der Tat nicht gehe — der Vater selbst hatte es ihm reuevoll gestanden —, sondern daß es sich um eine Strafarbeit gehandelt habe, deren besonderer Strafcharakter eben in dieser Undurchführbarkeit lag. Dies hatte ihn außerordentlich beruhigt, mußte er sich doch nicht mehr als Versager betrachten, aber damals schon hatte er es sich in den Kopf gesetzt, einmal würfelförmige Kartoffeln zu züchten, denn, wie er sagte: „Kein Kind soll mehr in einem dunklen Keller sitzen und sich als Versager empfinden, nur weil es keine Kartoffeln stapeln kann".

Er ging aber noch einen Schritt weiter und bestand auf solchen, die nicht nur Würfelform hatten, sondern auch noch eins bis sechs Augen, auf die Seiten verteilt. Denn so kann man, wie er meinte, wenn die Kartoffeln aufgeschichtet sind und man noch nicht herausgelassen wird, wenigstens mit sich selbst Würfel spielen und die Zeit kurzweilig vertreiben.

Aber das alles kam erst viel später. Denn zunächst fiel er einer Frau in die Hände, die einen Narren an ihm gefressen hatte, weil er ihr körperlich so sympathisch war. Und als sie dann noch erfuhr, daß er Zwilling sei, meinte sie, dann wäre er für sie genau der Richtige. Sie war Stewardess und Tochter eines reichen Reisebürobesitzers. Sie kam also ständig rund um die Welt, kannte alle bedeutenden Leute und brauchte einen quecksilbrigen Begleiter. Er selbst habe damals noch etwas mehr gesprochen, und so habe sie angenommen, er sei entwicklungsfähig, besonders unter ihrer Anleitung.

„Mein Gott", sagte er, „was bin ich damals in der Welt herumgekommen. Party in New York, Party in Acapulco, in Hong-Kong, auf Hawaii und weiß ich noch wo. Es war entsetzlich. Und immerzu wollte sie, daß ich mich mit allen möglichen Leuten unterhalte, und zwar grundsätzlich über Dinge, die mich überhaupt nicht interessierten. Über die Marken von Golfbällen, über einen überrissenen Lob, den ich selbst nie kennengelernt hatte, über eine Godot-Aufführung in Paris, über Lagerfelds neue breite Gürtel, über die neue Diät von Linda Evans und die Heiratspläne von Caroline, über die jungen Wilden und über die neueste Disco in Manhattan — alles Dinge, von denen ich auch heute noch nichts verstehe. Einmal haben wir bei irgendeinem Ölmenschen Scharade gespielt — es war mir schrecklich peinlich, vor allem, weil zum Schluß die meisten ohne Kleider herumsaßen. Fürchterlich."

„Sie wären also viel lieber ganz unzwillinghaft zu Hause herumgesessen, hätten nichts getan und keinen Menschen gesehen?"

„Oh nein, ich arbeite ja gern. Wir hatten zum Beispiel einen prachtvollen Garten. Aber wann immer ich Hecken schneiden wollte oder Zierbeete anlegen, rief mich meine Frau und sagte, dafür hätten wir schließlich einen Gärtner, und ich solle lieber reinkommen und mit ihr zusammen die Reiseroute für die nächste Woche zusammenstellen. Auch hatte ich oft das Pech, das Falsche zu sagen. Einmal sagte ich, daß ich mich bei einer Musical-Premiere gelangweilt habe, und was ist: der Komponist steht neben mir. Ich finde Bilder scheußlich, und wem sage ich es? Dem Künstler selbst. Ich rede davon, zu Hause einen kleinen Yucca-Baum verpflanzen zu wollen, und wem rede ich davon? Keinem anderen als Christian Barnard. Natürlich fühlte sich dann meine Frau blamiert, und es kam zu Streitereien. Sie wollte mit mir glänzen, während ich mich am liebsten in eine dunkle Ecke verkrochen hätte. Einmal, ich glaube es war in Mexiko, habe ich aus Verzweiflung mit dem Toilettenmann die Rollen getauscht — er durfte mal an meiner Stelle mit Joan Collins tanzen, dafür saß ich eine Weile auf seinem Platz und kassierte die Trinkgelder. Sie hätten meine Frau erleben sollen, als das herauskam. Aber gottseidank hielten es alle anderen für eine originelle Idee und ich galt als einfallsreicher Kopf. Ein anderes Mal brachte ich mir etwas zum Essen mit — ich konnte ja das Zeug nicht gut vertragen, das es immer an den Kalten Buffets gab, und Champagner machte mir Magenbeschwerden —, also ich bringe mir eine Dose Eierravioli mit, um sie mir in einem unbeobachteten Moment in der Küche heißzumachen, aber ich werde damit entdeckt, und jeder meint, es handele sich um ein modernes Kunstobjekt.

Als einige Zeit später Andy Warhol seine Campbell-Dose malt und als Popstar gefeiert wird, halten ihn alle Gäste von damals für einen üblen Plagiator, denn er war dabeigewesen, als ich mit Maggi gekommen war.

Ohne es zu wollen, komme ich also in den Ruf eines Allround-Genies, meine Frau ist ganz aus dem Häuschen, und ich habe weniger Chancen als je, diesem Leben zu entkommen.“

„Gibt es da noch mehr Geschichten?“

„Eine fällt mir gerade noch ein: Auf einer der vielen Parties schüttet sich ein Mädchen Rotwein übers Abendkleid. Sie ist ganz verzweifelt, und ich komme auf die Idee, das Kleid einfach bis zur Hälfte abzuschneiden — sie wird der Erfolg des Abends und was soll ich sagen: am nächsten Tag ist der Mini in.“ „Also Künstler wider Willen.“

Nach der Scheidung nach Tahiti

„Und vor allem: nur per Zufall. Zum großen Streit kam es aber dann doch noch, weil ich mich weigerte, Polo zu lernen — ich hatte das immer für einen Hemdenstoff gehalten —, aber meine Frau sah die Chance, mich in einer Mannschaft mit dem Herzog von Edinburgh auftreten zu lassen, aber ich machte nicht mit. Empört reichte sie die Scheidung ein und flog nach Tahiti. Noch nie wäre sie von einem Zwilling so enttäuscht worden, sagte sie noch. Was meinte sie wohl damit?”

„Nun ja, astrologisch gesehen hätte das natürlich ein Leben nach Maß sein müssen, das Ihnen da geboten wurde — Weltreisen, Parties, interessante Gesprächspartner und so. Aber vielleicht sind Sie eine astrologische Fehlgeburt. Wann haben Sie eigentlich genau Geburtstag?“

„Am 1. Mai.“

„Am ersten Mai? Aber dann sind Sie ja überhaupt kein Zwilling, sondern ein recht typischer Stier. Wieso haben Sie dann Ihrer Fau gegenüber geäußert, Zwilling zu sein."

„Weil ich einer bin, verdammt. Ich habe einen Zwillingsbruder, der seit Jahren in Fulda lebt. Also bin ich doch Zwilling, und das habe ich meiner Frau auch gesagt. Weshalb ich deshalb gern um die Welt fahren soll, ist mir ehrlich gesagt, schleierhaft."

PS. Diese wahre Geschichte soll ein Trost sein für alle Zwillinge, die immer wieder feststellen müssen, daß sie den Charakter-Vorschriften dieses sicher etwas anstrengenden Sternzeichens nicht entsprechen. Seien Sie nicht traurig — schauen Sie lieber mal in Ihren Pass. Vielleicht haben Sie einen viel bequemeren Geburtstag.

12
Der Zwilling und der Rest des Tierkreises

Sicher leuchtet es ein, daß der Zwilling besonders gut mit der Jungfrau, dem Schützen und dem Wassermann auskommt. Das liegt ganz einfach daran, daß es sich bei diesen um menschenähnliche Figuren handelt, jedenfalls aber um solche mit menschenähnlichem Oberteil. So ist eine Basis für Verständigung gegeben. Und genau daran hapert es, wenn der Zwilling einem Krebs, einem Skorpion oder einem Fisch begegnet. Deren Sprache zu erlernen ist für den ungeduldigen Zwilling einfach zu langwierig, zumal er auch in dem ständigen „Tsts!" des vokalarmen Skorpions einfach keinen Ansatz für eine befriedigende Konversation erkennen kann. Für ein gemeinsames Essen mag dies angehen, denn hier genügt es, wenn man auf das ausgewählte Menu deutet. Aber sobald das Gespräch auf Hegels Phänomenologie des Geistes kommt, reicht der Wortschatz des Skorpions, aber auch der von Krebs und Fisch einfach nicht aus. Bei den höher entwickelten Tieren wie Stier oder Löwe ist das schon anders, denn hier kann man sich wenigstens in die Augen sehen. Aber auch da lauern Gefahren, denn es kommt immer wieder vor, daß der eine Zwilling vielleicht den Löwen sympathisch findet, der andere den Widder oder den Steinbock, und so entfremden sich die beiden und es kommt zu inneren Krisen.

Das wäre alles sicherlich so, wenn wir die Tierkreiszeichen wörtlich nehmen würden, doch wie man weiß, handelt es sich dabei um Symbole für psychologische Grundtypen, und so sieht das ganze natürlich völlig anders aus. Nämlich so:

Zwilling und Widder

Die Energie, mit der z.B. der Widder die Meinung vertritt, daß an Salatkartoffeln Salz gehört, wird nur noch übertroffen von der geschickten Argumentation des Zwillings, mit der dieser nachweist, daß Salz außerordentlich ungesund sei, weil es Wasser im Körper bindet, Gewichtsprobleme schafft und auch sonst noch einiges andere anrichte, von dem sich der Widder keine Vorstellung mache. Im Verlauf dieser Auseinandersetzung wird der Widder immer wütender und der Zwilling in seinen Argumenten immer überzeugender und zum Schluß zitiert er Spinoza, Nietzsche und Jane Fonda. Das geht so lange, bis Geschirr beschädigt wird. Doch im Grunde verstehen sich die beiden recht gut und sind nicht nachtragend. Und das Salz, das der Zwilling heute an den Kartoffeln vergessen hat, das reicht er am nächsten Tag bei der Suppe doppelt nach, so daß der Widder wiederum zornig moniert, während der Zwilling sagt, der Körper brauche an heißen Tagen eben mehr Salz als üblich, wegen des Mineralhaushalts oder so. Eine Verbindung, in der es knistert und funkt.

Zwilling und Stier

Der beständige bis starrsinnige Stier bemängelt am Zwilling-Partner vor allem dessen Wechselhaftigkeit und schwache Entschlußbereitschaft. Was ungerecht ist, denn der Zwilling entschließt sich weit häufiger für etwas als der Stier, der dies bei manchen Dingen im Leben nur einmal tut. Vor allem entschließt er sich dazu, die einengenden Bevormundungen des Stiers nun bald nicht mehr hinzunehmen. Der Stier nämlich liebt den Zwilling so sehr, daß er ihn in den Käfig sperrt. Da der Stier aber seine Käfige bei Cartier kauft, sagt sich der flink rechnende Zwilling, daß man auf die goldene Freiheit ganz gut verzichten kann, so lange die Unfreiheit noch goldener ist und sogar etliche Mehrkaräter enthält. So fühlt sich der Zwilling als Eigentum des Stiers recht wohl, zumal dieser ihm im intellektuellen Bereich keinerlei Vorschriften macht, sondern ihn im Gegenteil auf Parties herumreicht und sagt: Das ist mein geistreicher Zwilling, der erzählt euch jetzt mal alles über das moderne Regietheater sowie über Bernhard Minetti. Bitte, fang an!

Zwilling und Zwilling

Dies ist die Verbindung von erstem und zweitem Programm, die permanent auf Hochtouren laufen und zwar ohne jede Störung in irgend einem Sendebereich. Beide Geräte sind immer gleichzeitig eingeschaltet und bringen z.T. sehr unterschiedliche Programme. Während beispielsweise auf dem einen Kanal Bedeutendes über die psychologischen Fehler in Frau Brenbächers Verhalten und die daraus resultierenden Erziehungsdefizite ihrer Kinder gesendet wird, läuft auf dem anderen Apparat der Dreiteiler: Wohin gehen wir heute abend zum Essen? Da aber jeder der beiden aus zwei Personen besteht, gibt es unter den Vieren immer einen, der zuhört, so daß die Ausschaltquoten erträglich sind. Außerdem ist das Gute an einer solchen Vierteilung, daß man nach jeder Diskussion echt demokratisch abstimmen kann und immer die Chance hat, daß es drei zu eins ausgeht.

Zwilling und Krebs

Bei diesem gemütstiefen Wasserzeichen sollte sich der Zwilling im verbalen Synchronschwimmen üben, um seelisches Durcheinander zu vermeiden. Denn in dieser Verbindung wetteifern ständig wechselnde Einfälle mit ständig wechselnden Launen. Der Krebs ist Weltmeister im Übelnehmen, und der Zwilling ist Träger des goldenen Fettnäpfchens. Als mütterliches Zeichen neigt der Krebs dazu, dem Zwilling pausenlos die Ohren putzen zu wollen, während dieser wiederum am liebsten nachts unter der Decke Karl May, Das Prinzip Hoffnung und Wie lerne ich Englisch in 30 Tagen, ohne zu lernen? liest. Die Häuslichkeit des Krebses und die Unrast des Zwillings treffen sich aber darin, daß beide leidenschaftlich gern die Wohnung umräumen, wobei der Krebs vor allem für die Grünpflanzen und die Holzenten auf dem Fensterbrett zuständig ist, und der Zwilling für den schweren Rest gern seinen Stier-Freund anruft.

Zwilling und Löwe

Löwinnen haben herrschaftliche Allüren und meistens einen edlen Vornamen, der sonst nur noch bei Kartoffelsorten vorkommt. Sie sind für Schmeicheleien ungeheuer empfänglich, und der Zwilling sollte in seine langen Ansprachen ab und zu die Bemerkung einfließen lassen: 'Die Art, wie du mir nicht zuhörst, ist sicher das charmanteste, seit Greta Garbo zu ihrem Chauffeur gesagt hat, Sie können die Abzweigung nehmen, mein Lieber!' Aber natürlich gibt sich eine Löwin mit schönen Worten allein nicht zufrieden. Vielmehr muß der Zwilling auch einiges bieten können. Das kann ein Penthouse an der 5th. Avenue sein, wahlweise eine Einliegerwohnung im Tadsch Mahal, Robert Redford als Hausfreund oder zumindest ein weißer Zwergpudel, der auf den Namen Nijinski hört. Da der Löwe von seinem tiefinnersten Naturell her ein beutejagendes Tier ist, kann es sein, daß er manchmal die Hand des Zwillings ergreift, um an seinem Arm herumzuknabbern. Hier sollte nun der Zwilling keine überhasteten Bemerkungen machen, sondern seiner Partnerin über die Mähne streichen und sagen: Denk an deine Hungerkur und vergiß nicht, daß Blutflecken auf dem Teppich immer so schwer rausgehen.

Zwilling und Jungfrau

Die Kritiksucht der Jungfrau kann dem Zwilling das Leben ganz schön schwermachen. Er hält ihr eine geistfunkelnde Ansprache zum Thema 'Salt-Abkommen — ja oder nein?' und sie weiß darauf nichts anderes zu sagen als: „Du hast in der letzten Stunde 321 mal Ich gesagt, aber nur 27 mal Du. Außerdem hast du sieben Kommata falsch gesetzt und vernachlässigst den Relativsatz in geradezu skandalöser Weise!" Das nimmt natürlich dem Zwilling den ganzen Schwung, so daß er völlig entmutigt das Thema wechselt und nun zwei Stunden lang über das Verhältnis von abstrakter Malerei zur Fotografie mit Polaroid-Kameras spricht und warum es keinen Einfluß auf die Züchtung von Tontauben hat. Die Jungfrau sieht meistens nicht den versteckten Witz in dieser Theorie, denn sie ist durchweg so humorlos wie eine deutsche Charakterdarstellerin, und will immer den Dingen auf den Grund gehen, weiß aber dazu keinen anderen Weg, als sich zu bücken und am Teppich die Fransen zu ordnen. So endet diese Verbindung in einem beziehungslosen Nebeneinander, und auch daß der Zwilling früher oder später anfängt, Schulden zu machen, kann daran nicht viel ändern.

Zwilling und Waage

Die Ästhetik der Harmonie oder Wie verwende ich Messer und Gabel, ohne das Schnitzel zu verletzen? könnte über dieser Verbindung stehen, in der die Waage bestimmt, welche Farbe bei Bremslichtern gerade in ist, und der Zwilling untersucht, warum die Bremslichter immer hinten sind. Die Waage, eine elegante Seele aus Cashmere, versteht sich gut mit dem Zwilling, dessen Geist blinkt wie eine Lichterkette an einem Autoscooter, und beide haben fast niemals Streit. Denn die Waage, die jeden Streit, den sie gar nicht erst aufkommen läßt (noch nicht einmal, wenn es darum geht, ob Namibia in der UN ein Vetorecht bekommen soll), mit versöhnlicher Geste beilegt, hat im Zwilling einen Partner, der einen Streit gar nicht bemerkt, weil er den Hammerschlag auf den Kopf sofort damit erklären würde, daß der andere halt keinen Scheit Holz zur Hand hatte und der Schlag außerdem als aufmunterndes Schulterklopfen gemeint war, dem er versehentlich durch eine unbeabsichtigte, aber graziöse Körperbewegung ausgewichen ist.

Zwilling und Skorpion

Der Zwilling hat keinen Standpunkt, ist aber jederzeit bereit, ihn zu verlassen, wenn sich etwas Besseres bietet, beispielsweise ein freier Platz im Matthäser. Der Skorpion hingegen hat einen festen Stammtisch, den er erbittert und mit allen Mitteln verteidigt, wenn es sein muß mit der Behauptung, der Wein sei gepantscht. Der erfahrene Astro-Psychologe nennt diese Verbindung „unvereinbare Gegensätzlichkeit in Bezug zum Außenraum“, wozu wir auch „Garderobe“ sagen können. Das bedeutet ganz konkret, daß beide, Zwilling wie auch Skorpion,

bereit sind, noch einmal umzukehren, wenn sie beim Weggehen plötzlich anderen Sinnes werden und noch bleiben wollen oder aber einen Bekannten treffen, der gerade hereinkommt und die geheimnisvollen Worte flüstert: „Was wollt ihr denn schon gehen, jetzt wird's doch erst gemütlich!" In solchen Fällen halten die beiden eisern zusammen, wenn es auch sonst zu Meinungsverschiedenheiten kommt, weil der Skorpion zu Grundsätzlichem neigt („zum Bier ein Korn!"), während der Zwilling hier offen ist.

Zwilling und Schütze

Handelt es sich um eine Zwillings-Frau und einen Schütze-Mann, so dürfte die Verbindung klappen. Haben wir es dagegen mit einem Zwillings-Mann und einer Schütze-Frau zu tun, so sind die Aussichten bestens. Bei zwei Männern bzw. zwei Frauen, können Komplikationen auftreten, weil keiner weiß, wer fürs Einkaufen zuständig ist. Doch sind solche Verbindungen sehr selten, weil beide viel zu vernünftig sind, um sich jemand in die Wohnung zu holen, mit dem sie Lippenstift oder Rasierapparat teilen müssen. Schützen sind leidenschaftliche Nichtstuer, während Zwillinge geradezu versessen auf Freizeit und Feierabend sind. Hier könnte also ein Ansatz für Unstimmigkeiten liegen, und beide sollten schon vor einer engeren Bindung genau festlegen, wer wann nichts tut und wer wann freinehmen darf, einfach um den anderen nicht zu überlasten und auszubeuten. Bei dem Verständigungswillen der beiden und ihrer Fähigkeit, Probleme auf hohem intellektuellen Niveau zu lösen, sollte es nicht schwer sein, sich zu einigen.

Zwilling und Steinbock

Daß der Steinbock ein Winter-, der Zwilling aber ein Frühlingszeichen ist, das hängt damit zusammen, daß der Steinbock meist im Januar geboren wird, während der Zwilling im Mai—Juni zur Welt kommt. Nun kommt es darauf an, was sie daraus machen. Das fängt damit an, daß der Steinbock ein zäher Kletterer ist, während der Zwilling lieber die Seilbahn nimmt, weil er sich sagt: Auf diese paar Mark kommt es jetzt auch nicht mehr an, und ich hab mehr davon, wenn ich die meiste Zeit auf dem Gipfel verbringe und runtergucke, so lange es hell ist, als daß ich den ganzen Tag in der Wand hänge. Vor allem, weil man doch kaum jemand trifft, den man nach dem Weg fragen kann, ohne in Verdacht zu geraten, Edelweißwilderei zu betreiben. — Aber das ist natürlich alles Symbolik und bedeutet nichts anderes, als daß der Steinbock lieber Treppen steigt, statt wie der Zwilling den Lift zu benutzen. Was dazu führt, daß der Zwilling eher „oben" ist, während sich der Steinbock besser fürs Leben trainiert. Nun kommt es darauf an, was sie daraus machen.

Zwilling und Wassermann

Beides sind Luftzeichen, was den unbestreitbaren Vorteil hat, daß in dieser Verbindung niemals „die Luft raus" ist, so daß es auch keine Probleme mit Reifenpannen gibt. Ansonsten sind die Gemeinsamkeiten nicht unbedingt zahlreich. Vom Wassermann ist bekannt, daß er sich mit Vorliebe durch die Luft bewegt, wobei er seine Arme wie die Rotorblätter eines Hubschraubers bewegt. Dies hat ihm den zweifelhaften Ruf von Originalität ein-

getragen, während es doch lediglich eine Frage der Zweckmäßigkeit ist, besonders an windstillen Tagen. Der Zwilling dagegen braucht die Erde, vor allem um zu wissen, wo er suchen muß, wenn ihm mal der Schlüssel heruntergefallen ist. Dennoch können sie eine Basis für ein erfreuliches Miteinander finden, durch ihr gemeinsames Interesse für sirtaki-tanzende Gnome, die Wetterkarte mit Elmar Gunsch und ihre Vorliebe, spät nachhause zu kommen.

Zwilling und Fisch

Der seelisch zerfließende Fisch findet in der Realität keine Sicherheit, vor allem, weil es hier nur ungedeckte Schecks und abgelaufene TÜV-Termine gibt. Damit aber kommt er überkreuz mit dem Zwilling, der die Realität braucht, schon um bei Verabredungen zu spät kommen zu können. Die beiden kommen also am besten miteinander aus, wenn sie sich im engumgrenzten Raum platonischer Gefühle treffen, es kann aber auch das Café Marquart sein. Was den sensiblen Fisch am Zwilling am meisten stört, ist dessen Bedürfnis, die Vorteile der elektronischen Einspritzpumpe für Motorelastizität, Kraftstoffersparnis und reduzierter Umweltbelastung zu loben, während sich vielleicht ein konventioneller Registervergaser im Zimmer aufhält, der sich dadurch seiner unverschuldeten Mängel bewußt wird. Erschwerend kommt hinzu, daß beide — Zwillinge wie Fische — Doppelzeichen sind, d.h. es gibt von jedem zwei, was immer wieder bei telefonischen Vereinbarungen zu Verwechslungen führt.

13 Die 3. Seele in der Zwillingsbrust: der Aszendent

Daß kein Zwilling wie der andere ist, das wissen wir bereits, ist doch sogar der Einzelne schon jeden Tag anders, so daß er sich mitunter selbst nicht erkennt, wenn er sich beim Mittagessen in der Kantine gegenübersitzt.

Es kommt aber etwas hinzu, was die ganze Sache noch um einiges chaotischer macht: der Aszendent. Der Aszendent gilt als „Vorfahr in aufsteigender Linie, der im Schnittpunkt von Ekliptik und Horizont im Ostpunkt steht", und den man meistens deshalb nicht kennt, weil viele Eltern einfach zu altmodisch sind, um ihn ihrem Kind bei der Geburt zu zeigen. Nein, heißt es dann, du bist noch viel zu klein, du darfst deinen Aszendenten noch nicht sehen! — Insofern hat man später immer gewaltige Probleme, den Aszendenten nachträglich herauszukriegen. Und wenn man seine Geburtsstunde nicht genau festzulegen weiß — vielleicht weil man damals viel zu sehr abgelenkt war —, dann schafft man das nie. In diesem Fall bleibt nur, alle Aszendenten-Typen durchzusehen und sich für den zu entscheiden, der einem am ehesten gefällt. Dies können Sie jetzt auch machen, indem Sie hier lesen, welche Aszendenten-Möglichkeiten ein Zwilling hat. Wir beginnen von vorn.

Zwilling, Asz. Widder

Dieser energiegeladene Zwilling ist ein idealer Teilnehmer an ehelichen Streitigkeiten. Er weiß nicht nur instinktsicher, welche Gegenstände am lautesten zerknallen, sondern auch, mit welchen man den Gegner am besten trifft, wenn man sie nicht nach ihm, sondern an die Wand wirft. Sein Ideenreichtum, mit dem er immer wieder das richtige Stück in Griffnähe plaziert, ist ebenso unerschöpflich, wie sein ungestümer Wille, aufs Stichwort hinzulangen. Dies macht den Widder-Zwilling zu einem ebenso aufregenden wie originellen Partner.

Zwilling, Asz. Stier

Der erdnahe Realismus des Stiers gibt diesem Zwilling die ungewohnte Kraft, an seiner Meinung bis zu zwei Tagen unerschütterlich festzuhalten — an kurzen Tagen, also im Winterhalbjahr, sogar noch etwas länger. Dies macht ihn für seinen Partner ungewöhnlich zuverlässig. Tatsächlich hat man in diesem Zwilling einen Menschen, dessen Ideen ebenso ungewöhnlich wie einträglich sind und der dabei durch seine Standhaftigkeit zu beeindrucken weiß. Handelt es sich um ein weibliches Exemplar, so wird diese Frau heute diesen Millionär lieben und erst übermorgen einen anderen.

Zwilling, Asz. Krebs

Dies ist ein Zwilling, der außer seinen beiden Seelen auch noch Seele hat und deshalb bei Regenwetter zu Depressionen neigt. Die sonst recht verläßliche Unbeständigkeit des Zwillings wird dadurch noch mit einem heftigen Schuß Launenhaftigkeit angereichert, so daß nichts mehr zu stimmen scheint. Unter ernsthaften Forschern wird deshalb dieser Zwilling auf zwei alternative Formeln gebracht. Die eine lautet: u + l = vu (unbeständig plus launenhaft = völlig unbeständig). Die andere dagegen heißt: u x l : 100 = b (unbeständig mal launenhaft durch 100 ergibt beständig). Diese letztere Formel baut darauf, daß ein Unbeständiger niemals Laune hat, unbeständig zu sein, da er dies ja schon ist. Bei ihm — so meint man — wirkt das Launische stabilisierend. Oder: minus mal minus ist plus.

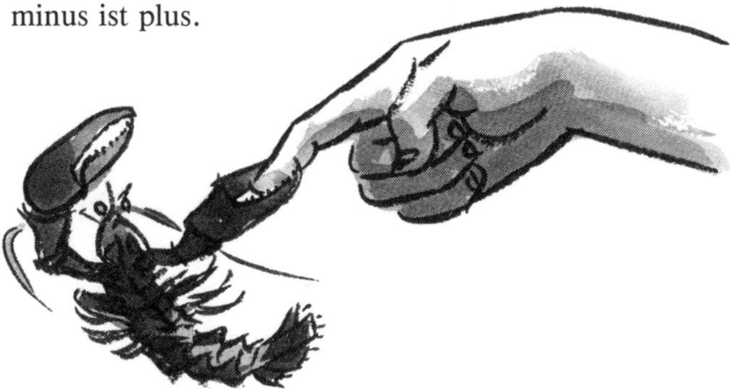

Zwilling, Asz. Löwe

Dieser König fährt seinen Rolls Royce mit Zwischengas, er schreibt surrealistische Katzengedichte, die er in Versalien setzen läßt und in Tapir-Leder bindet, seine Curry-Wurst läßt er sich aus Berlin einfliegen und seine Cola trinkt er aus mundgeblasenen Murano-Gläsern. Denn der Löwe in diesem Zwilling umgibt jeden Einfall mit einer majestätischen Geste, seine Ideen schreiten über rote Teppiche und seine Launen hüllt er in Hermelin. Viele dieser herrschaftlichen Löwe-Zwillinge erkennt man daran, daß sie einen mehrarmigen Leuchter anstelle einer Taschenlampe tragen, wodurch sie besonders im Polizeidienst aufzufallen wissen, und daran, daß sie unter die Heckscheibe ihres Autos immer einen Königstiger Marke Steiff legen.

Zwilling, Asz. Jungfrau

Hier handelt es sich um einen besonders originellen Feinmechaniker, der seinen skurrilen Einfällen das Fundament handwerklicher Präzision gibt. So ist er beispielsweise in der Lage, Armbanduhren zu konstruieren (alle Jungfrauen sind Uhrmacher oder mit einem Uhrmacher verheiratet oder tragen eine Uhr!), die zur gegebenen Zeit mit leicht metallischer Stimme sagt: Nimm deine Tabletten! oder: Ruf mal zuhause an und sag, daß du später kommst! Oder sie spüren über elektronische Sensoren anhand von Hautwärme und -Feuchtigkeit, daß der Besitzer deprimiert ist, und erzählen ihm daraufhin einen Witz, in dem ein lustiger Kerl namens Grabowski vorkommt.

Zwilling, Asz. Waage

Der berühmte Ausspruch: Das ist mir ja ein schöner Einfall! könnte von diesem Zwilling stammen. Dabei ist es völlig egal, ob es sich dabei um den Vorschlag handelt, eine total irre Party mit original Schwarzwälder Champagner aus den geheimen Anbaugebieten um Nagold zu feiern, in den Mustern von M und S-Reifen der Marke Pirelli das Profil einer neuen Verkehrspolitik herauszulesen oder Golfbälle auf Quittenbäumen zu züchten — immer ist es die formale Ästhetik einer Idee, die ihn begeistert, und niemals ist es ihr praktischer Nutzen. „Es ist viel entscheidender", sagt er, „einen schönen Einfall zu haben als beispielsweise jeden Sonntag eine Fußwanderung durch die Lüneburger Heide zu machen."

Zwilling, Asz. Skorpion

Hier haben wir es mit einem Menschen zu tun, der seine spontanen Einfälle mit aller Konsequenz in die Tat umsetzt. Wenn er z.B. die Absicht hat, sein Auto im Parkverbot abzustellen, dann tut er das, besonders wenn es sonst keinen anderen Parkplatz gibt. Die sofort strafend herbeieilende Polizei macht er sich skrupellos untertan, indem er sie magnetisch anschaut. Oder aber, er sagt ihr, daß er sie enterben wird. Dies besonders dann, wenn es sich um seine Tochter handelt. Es ist auch sinnlos, diesem Skorpion-Zwilling furchtlos auf den Stachel zu sehen, denn er hat meistens zwei davon, wobei er den zweiten überraschend unter der Manschette hervorzieht.

Zwilling, Asz. Schütze

Hier hat die doppelte Wesenheit des Zwillings mit einem anderen Zweigeteilten zu tun. Denn Schützen sind bekanntlich Huftiere mit einem Menschenkopf, bringen also ebenfalls Probleme mit. Nur ist eben die Zweigeteiltheit des Schützen nicht rechts-links wie beim Zwilling, sonden oben und unten. Und wer jemals mit einem Menschen zu tun gehabt hat, der auf einen Pferdekörper aufgepfropft ist, der weiß, welche Probleme diese Leute haben, besonders wenn es darum geht, einen hellen Sommeranzug zu kaufen. Sie haben gar keine andere Chance im Leben, als Philosophen zu werden, da sie in Modefragen nicht mitreden können. Da der Zwilling aber seinerseits gern über Pferde spricht, hat er mit seinem Aszendenten keine größeren Anstände. Er muß nun die insgesamt acht Beine der hier vereinigten Sternbilder koordinieren können, was bei der Ungeduld beider Zeichen nicht einfach ist.

Zwilling, Asz. Steinbock

Das starrköpfige Januar-Zeichen gibt den ansonsten etwas flatterhaften Ideen des Zwillings Zielstrebigkeit und Bestand. So wird sich ein Steinbock-Zwilling, der sich vorgenommen hat, den Abend in seiner Kneipe zu verbringen, durch nichts von diesem Plan abbringen lassen. Auch nicht durch verlockende Angebote, wie beispielsweise dem Nachbarn beim Renovieren seiner Gartenhütte zu helfen, 36 Partien Domino hintereinander zu spielen oder die eigene Bibliothek zu ordnen. Und das, obwohl Zwillinge im allgemeinen gern ihre Bibliothek immer wieder neu zusammenstellen — beispielsweise indem sie die Bücher nach der Häufigkeit des darin vorkommenden Satzes: Elfie hätte auch früher sagen können, daß sie auf den Bermudas Strickunterricht nimmt! hintereinanderstellen. Bei der Suche nach diesem Satz erwerben sie ihre oft überraschend breite Bildung.

Zwilling, Asz. Wassermann

Hier trifft sich ein ruhelos sprühender Geist mit einem starken Hang zur Tiefe und Originalität. So war es nachweisbar ein Wassermann-Zwilling, der versucht hat, die Briefe von Herbert Achternbusch zu verfilmen und zu Weihnachten als Vierteiler übers ZDF ausstrahlen zu lassen. Das Projekt scheiterte einzig und allein daran, daß in den Briefen keine Rolle für Inge Meysel vorgesehen war, und der Innenminister sich daraufhin weigerte, dem Vorhaben mit Bundesmitteln unter die Arme zu greifen. Dies, obwohl der gesamte Etat bei nur 22 Mark 80 lag, denn der insgesamt sechs Stunden dauernde Film sollte nichts anderes zeigen als einen kleinen Ausschnitt des Strandes vom Starnberger See, gefilmt durch ein Loch in einem Camping-Zelt.

Zwilling, Asz. Fische

Der Fisch verleiht diesem Zwilling seherisch-mediale Eigenschaften, die sich zumeist darin äußern, daß er anderen Leuten ungefragt vorhersagt, sie würden sich erkälten, wenn sie bei diesem Wetter ohne Hut und Mantel gingen. Da sie damit meist recht haben, besonders in der kalten Jahreszeit, geraten sie in den Ruf svengali-hafter Hellsicht bei völliger Schwarzmalerei. Höher entwickelte Typen eignen sich auch sehr gut als Medium zur Erforschung jenseitiger Welten. Allerdings setzen sie den Geistern hart zu und treiben sie mit gezielten Fragen in die Enge. So kommt es vor, daß eine Erscheinung, vom Fisch-Zwilling attackiert, einen Rückzieher macht, mit den Worten: Eben fällt mir ein, daß ich ja tot bin.

SONNE

14 Der Zwilling und das dritte Haus

Wenn man sich mal sein eigenes Horoskop etwas genauer ansieht und nicht ständig fragt: Die Venus, was hat bei mir die Venus zu bedeuten? dann wird man da zwölf Häuser entdecken, die hier natürlich nicht umsonst herumstehen. Im Gegenteil: jedes Haus will etwas ganz bestimmtes symbolisieren. Das dritte Haus zum Beispiel, das dem Zwilling gehört, symbolisiert die Sprache. So könnte also in diesem Haus, oberflächlich gesehen, die Berlitzschule ihre Räume haben. Und je nachdem, welcher Planet sich nun in diesem dritten Haus gerade aufhält, haben wir es mit einem ganz bestimmten Hausbewohner zu tun, der hierfür typische Eigenschaften oder auch Eigenheiten hat.

Aber sehen Sie selbst!

Steht die Sonne im dritten Haus, so muß das nicht unbedingt ,,die" Sonne sein. Es kann sich auch um eine Untermieterin handeln, die Elvira Sonne heißt (schließlich sprechen wir ja auch von „Frau Sonne"), und die von Beruf Englisch-Lehrerin ist. Sie könnte dem Hausbesitzer Unterricht erteilen, so daß er in der Lage ist, den Playboy im Original zu lesen oder eine ganz neue Übersetzung des Ulysses anzufertigen. Sonne im dritten Haus bedeutet also immer, daß der linguistische Aspekt gut bestrahlt ist und deshalb mitunter einen leichten Sonnenbrand hat.

Ganz anders, wenn der Mond im dritten Haus steht. In diesem Fall neigt der Bewohner dazu, im Schlaf zu sprechen. Dabei widmet er sich im allgemeinen Themen von nicht allzu großer Wichtigkeit. Beispielsweise könnte er über das Problem sprechen: Der Niederquerschnittreifen — Ausdruck des modernen Bewußtseins oder Hilfe bei Aquaplaning? Haben wir es bei dem Bewohner mit einem Zwilling zu tun, so artet der Vortrag in eine heftige Diskussion aus, die bis zum frühen Morgen dauern kann und doch kein Ergebnis zeitigt. Trotzdem ist der Bewohner am nächsten Tag frisch und munter und hat von allem keine Ahnung.

Merkur im dritten Haus bedeutet Neigung zu überspanntem Verhalten. So trägt der Besitzer beispielsweise einen Hut mit Flügeln, und hat überhaupt zu allem, was mit Flügeln zu tun hat, ein enges Verhältnis. Oft sitzt er stundenlang an einem Flügel und spielt auch nachts, weit nach Mitternacht, 'Kommt ein Vogel geflogen' von Eric Satie. Die Überspanntheit des Bewohners kann sich auch darin äußern, daß er sein Haus grün anstreicht und häufig begießt, in der Annahme, es werde wachsen. Doch trifft man dieses Verhalten nur an, wenn das dritte Haus unverhältnismäßig klein ist, sagen wir 1 m hoch, so daß es für den Bewohner unbequem ist, darin zu schlafen.

Venus im dritten Haus bedeutet Geschwätzigkeit, aber auch Interesse für Mode und die Vorliebe für bildnerisches Gestalten. Tatsächlich wurde Ende der vierziger Jahre in Hamburg ein Mann namens Achim Kliemann geboren, der den Merkur im dritten Haus hat und der ein — allerdings weithin unbekannter — Modefotograf wurde, dessen Redseligkeit unter seinen Freunden berüchtigt ist. Natürlich kann es sich auch um einen einfachen Bankangestellten handeln, dessen Frau Modellkleider

trägt, Totenmasken anfertigt und auf der Volkshochschule darüber Vorträge hält, die als geschwätzig gelten.

Der Mensch, der den Mars im dritten Haus hat, ist voller Unternehmungslust. Er will herrschen oder in einer anderen Form an der Spitze stehen. Dieses Bedürfnis ist derart ausgeprägt, daß es den Bewohner auch dann voll und ganz ausfüllt, wenn ihm sein Dasein hierfür keinerlei Anlaß gibt. In diesem Fall, so berichtet die Forschung, greift er zu Hilfsmitteln. Beispielsweise indem er ein großes Stück Papier zur Hand nimmt und ein Dreieck herausschneidet. Dieses legt er auf den Boden, stellt sich an eine der drei Spitzen und ruft laut: Alles hersehen, ich stehe an der Spitze!

Jupiter im dritten Haus verleiht eine gewisse schreiberische Begabung, ohne jedoch den Bewohner zu einem ernstzunehmenden Poeten zu machen. Er sollte sich also immer auf klare und einfache Fakten beschränken und diese ohne jeden dichterischen Schnörkel wiedergeben. So ist er sicher ein guter Verfasser von Urlaubspostkarten, der verläßlich über Wetter, Getränkepreise und Wassertemperatur Auskunft gibt, aber er sollte darauf verzichten, diesen Mitteilungen durch einen besonderen Zeilenumbruch poetischen Gehalt geben zu wollen. Niemals wird er in den Verlagsverzeichnissen von Hanser oder Suhrkamp auftauchen!

Probleme mit Saturn

Saturn im dritten Haus bedeutet Schwierigkeiten, wo man nur hinsieht. Das kann zu Heirat führen oder zur Scheidung — je nachdem, was für den Bewohner das größere Unglück darstellt. Aber auch Probleme von geringerem Umfang sind an der Tagesordnung. So zum Beispiel, daß morgens der Wagen nicht anspringt, daß der Nachbar einen Hund hat, oder daß man grundsätzlich das kleinste Stück Erdbeertorte mit Sahne bekommt. Saturn im dritten Haus bedeutet also, daß man mit allem rechnen muß. Viele lösen dieses Problem einfach dadurch, daß sie Saturn rausschmeißen oder umziehen.

Uranus im dritten Haus ist zuständig für einen starken Hang zum Außergewöhnlichen. So hatten die Erbauer und Erstbesitzer des Kölner Doms, der Cheops-Pyramide und der Stuttgarter Kunstgalerie den Merkur an dieser Stelle. Anders wäre es auch nicht zu erklären, wieso man sich für ein Haus wie die hier Aufgezählten entscheiden kann, das in jedem Fall zu groß, zu kalt und in seiner räumlichen Aufteilung völlig unpraktisch ist.

Neptun im dritten Haus schenkt reiche Phantasie und Begabung zur Literatur. Allerdings kann der Bogen hier sehr weit gespannt sein: Manche schreiben kurze, fünf- bis sechszeilige Gedichte über Surfen, andere verlieren sich in dickleibige Piratenromane. Wir können davon ausgehen, daß auch Homer den Neptun in diesem Haus hatte, sonst wäre ihm die Odysse nicht so gut gelungen. Neptun im 3. Haus erkennt man an dem Goldfischteich im Vorgarten und den darauf herumschwimmenden, fernlenkbaren Spielzeugschiffen.

Pluto im dritten Haus steigert die Konzentrationsfähigkeit ins Unermeßliche. Dieser Mann kann stundenlang vor dem Fernseher sitzen, ohne sich im geringsten von irgendwelcher Arbeit ablenken zu lassen. Von allen Bewohnern der Straße ist er der verschlossenste und schweigsamste. Aber was er sagt, ist von gestochener Präzision und unerhörtem Gehalt. Beispielsweise: Noch'n Bier!

Soviel zum 3. Haus. Das nächste symbolisiert so hinreißende Sachen wie Seele, Gefühl und alles, was mit lautem Weinen zu tun hat. Sein Bewohner ist ein emsiger Mensch, der immerzu herumwerkelt und in Tränen ausbricht, wenn ihm ein drei Zentimeter großes Porzellanhuhn herunterfällt und kaputt geht. Wenn Sie ihn näher kennenlernen möchten, so sollten Sie sich das nächste Buch dieser Reihe kaufen. Es handelt vom Krebs.

ALEX

15
Noch mehr berühmte Zwillinge

Buddha, Gautama — 23.5.560 v. Chr.: indischer Bergführer in vorchristlicher Zeit. Erstieg zum ersten Mal den K2 R2, der noch heute nach ihm den Namen ,,Buddha-Berg" trägt, was auch bei uns als Inbegriff von Fülle und Überfluß gilt. Aufgrund seiner gewaltigen Tat genießt Buddha auch heute noch in Indien den Ruf eines Menschen, der alles kann und der sich auch der Probleme des Einzelnen annimmt. ,,Buddha wird's schon richten", sagt man, wenn man sich über eine Sache keine Gedanken mehr machen möchte. Oder, kürzer noch: ,,Alles (ist) in Buddha!"

Kissinger, Henry — 27.5.1923: ehemaliger Außenstürmer der Spvgg. Fürth. Spielte dann für Cosmos New York und später für Washington D.C. Wurde anläßlich eines Fußballspiels gegen Peking mit der Mission beauftragt, während der Halbzeit unauffällig mit dem chinesischen Ministerpräsidenten Tschu en Lai zu sprechen und einen Besuch Nixons vorzubereiten. Gilt als Eisbrecher für das Verhältnis beider Länder zueinander und wurde von Mao tse tung mit dem höchsten Orden der Volksrepublik China ausgezeichnet: der roten und gelben Karte.

Mann, Thomas — 6.6.1875: Heimatschriftsteller aus Lübeck im Allgäu. Bekannt durch seinen Roman ,,Der Zauberberg", der die Erstbesteigung des Matterhorns durch den Magier Kalanag zum Thema hat. Kam in den 70er Jahren ins Gespräch, als ihn eine Gruppe von Feministinnen wegen angeblicher Diskriminierung des weiblichen Geschlechts anklagte und durchsetzte, daß er seinen Namen in ,,Frau" ändern mußte. Die weitergehende Klage der militanten Feministinnengruppe, auch seinen Vornamen zu verweiblichen, wurde von dem Gericht mit der Begründung abgewiesen, daß es niemandem zuzumuten sei, ,,Thomate Frau" zu heißen.

Nurmi, Paavo — 13.6.1897: finnischer Designer, der den kleinen Teppich erfand, um auch Sozialwohnungen heimeliger zu machen. Seine kurzen, schmalen Kreationen mit dem bekannt anspruchsvollen Skandinavischen Muster wurden ihm zuliebe ,,Läufer" genannt, denn Nurmi hatte bei Olympischen Spielen Gold über längere Distanzen geholt.

Sade, Marquis de — 2.6.1740: langjähriger Programmdirektor der Pariser Fernsehstation Antenne 2. Führte die Sitte ein, den späten Krimi wegen angeblich wichtiger aktueller Sendungen ausfallen zu lassen oder zeitlich nach hinten zu verschieben. Eine Gewohnheit, die sich inzwischen über die ganze Welt verbreitet hat und auch beim Deutschen Fernsehen uneingeschränkte Beliebtheit genießt. Noch heute nennt man die Programmverantwortlichen, die einen Bogart-Film wegen der Berichterstattung über den Gewerkschaftstag oder wegen dem Stechen im Reitturnier ausfallen lassen, ,,Sadisten".

Strauß, Richard — 11.6.1864: deutscher Naturwissenschaftler. Entdeckte die moderne Zimmerbeleuchtung, indem er darauf hinwies, daß man nur auf den weißen Knopf neben der Zimmertür drücken müsse, um die Wohnung zu erhellen. Beschrieb diese Entdeckung ausführlich in seinem wissenschaftlichen Hauptwerk ,,Elektra''. Führte lange Kämpfe gegen die Interessenvertreter von Petroleum-Lampen und Gaslicht-Werken, deren Methoden er in seiner Biografie ,,Ein Heldenleben'' anprangerte.

Wichtige Namen und Begriffe